Peter Amann

CILENTO aktiv

Aktiv-Urlaub im ursprünglichen Süditalien

Wanderungen
Radtouren
Badestrände
Tauchen
Reit-Ausflüge
Gleitschirmfliegen
Höhlenforschungen
Tipps...

R. Mankau Verlag

Die Deutsche Bibliothek – CIP-Einheitsaufnahme
Ein Titeldatensatz für diese Publikation ist bei der Deutschen Bibliothek erhältlich.

Peter Amann

Cilento aktiv

Aktiv-Urlaub im ursprünglichen Süditalien

1. Auflage 2005

ISBN 3-9809565-4-7

R. Mankau Verlag
Postfach 13 22, 82413 Murnau a. Staffelsee
Im Netz: www.mankau-verlag.de

Layout:
Grafikstudio Heike Brückner,
Regensburg

Fotos:
Titel: Blick aufs Capo Palinuro – Wanderung 17 (Peter Amann).
Alle Fotos Peter Amann, außer Cilentano 68 u. Umschlag hinten,
Aniello Cusati 37, Birte Kokocinski 69.

Inhalt

Einstimmung

Liebe Cilento-Freunde,

langsam spricht es sich herum: Reisen an den Golf von Neapel müssen nicht bei Paestum enden. Das Beste kommt noch! Der Cilento ist bislang ein vom Massentourismus verschont gebliebenes ursprüngliches Stück Süditalien. Dank des Nationalparks wird er es hoffentlich auch in Zukunft bleiben. Hier ist die Welt noch weitgehend in Ordnung, Mensch und Natur leben bis heute in seltener Harmonie.

Hundert tolle Küstenkilometer

Im Süden der Provinz Salerno liegt der Cilento als große Halbinsel zwischen dem Golf von Salerno und dem Golf von Policastro am Tyrrhenischen Meer. Mit über 100 Küstenkilometern muss er landschaftliche Vergleiche mit der weltberühmten Amalfitana nicht scheuen. Endlose Dünenstrände vor Paestum und Agrópoli, familienfreundliche Sandstrände bei Santa Maria di Castellabate, Acciaroli, Marina di Casal Velino, Marina di Ascea, Palinuro und Marina di Camerota sowie aufregend schöne Steilküsten am Capo Palinuro und östlich von Marina di Camerota sorgen für Abwechslung. Das Meer ist sauber und kristallklar, ein Traumziel auch für Schnorchler und Taucher. Und das Beste ist: Von den italienischen Ferienmonaten Juli und August abgesehen, sind die meisten Strände beinahe menschenleer.

Buchtipps

Carlo Levi:
Christus kam nur bis Eboli. dtv 2003.
Der berühmte Roman, vom Neapolitaner Francesco Rosi kongenial verfilmt, schildert die armseligen Lebensbedingungen lukanischer Bauern in den 1940-er Jahren. Er wurde zum Symbol für die Unterentwicklung des italienischen Südens. Die von Levi beschriebenen Situationen gibt es so nicht mehr, sein Buch bleibt ein großartiges Zeitdokument. Éboli liegt nördlich des Cilento, der historisch immer ein Teil Lukaniens (Region Basilikata) war.

Renate Wittenberg:
Nehmen Sie Platz, Signora! Mein Leben im Cilento. Weimarer Schiller-Presse, Frankfurt a. M. 2003.
Sympathisch-authentische Schilderung einer Berlinerin, die in den Cilento einwandert.

Olivenhaine und heilige Berge

Den grünen Kontrast zum türkisblauen Meer bilden Olivenhaine auf terrassierten Hügeln und bewaldete Gebirge. In Ufernähe bilden Aleppo-Pinien lichte Haine, wie z. B. an der Punta Licosa. Die immergrünen Macchiasträucher behaupten sich auch auf ärmsten Böden, wie an der wilden Costa degli Infreschi, oder erobern aufgelassenes Ackerland zurück. Vermutlich von Griechen im 7. Jh. v. Chr. eingeführt, prägt der Ölbaum bis heute weite Teile der Kulturlandschaft. Eindrucksvoll sind die Olivenhaine um Pisciotta, und „Pisciottana" heißt die bekannteste Olivensorte des Cilento.

Santa Maria di Castellabate ist einer der hübschen Hafenorte im Cilento.

ein heiliger Berg. Auf dem Monte Cervati, mit 1.899 m der höchste Gipfel des Cilento und der Region Kampanien, wird ebenfalls die Madonna verehrt. Trotz geringer Höhe ist auch der Monte Bulgheria dank seiner exponierten Lage über dem Golf von Policastro ein herrlicher Aussichtsberg. Im nordöstlichen Cilento erheben sich bis zu 1.742 m hoch die Monti Alburni über Sele-Ebene, Calore-Tal und Vallo di Diano. Karsterscheinungen prägen den dolomitischen Gebirgszug, zu den spektakulärsten zählen die Tropfsteinhöhlen von Pertosa und Castelcívita. Zwischen den Bergen des Cilento und dem lukanischen Apennin erstreckt sich als Hochtal das Vallo di Diano, seit altersher eine natürliche Transitstrecke. Der römischen Via Popilia, die bis Reghion (Reggio di Calabria) an die Spitze des italienischen Stiefels führte, folgt heute die A 3.

Von der Küste kommt man schnell in den Bereich der sommergrünen Eichen-, Hainbuchen- und Ess-Kastanienwälder. Über 1.000 m Höhe schließt sich meist ein schmaler Gürtel neapolitanischer Erlen an, gefolgt von ausgedehnten Buchenwäldern. Oberhalb der Baumgrenze breiten sich blumenübersäte Almwiesen aus. Diese Mischung aus typischer Mittelmeervegetation mit mitteleuropäischen Anklängen ist besonders reizvoll. Den ausgedehnten Wäldern verdankt der Cilento seinen Reichtum an Flüssen und macht ihn zum natürlichen Trinkwasserreservoir für Kampanien. In den Oberläufen von Alento, Bussento, Calore, Lambro, Mingardo, Sele und Tanagro lebt mehr als die Hälfte der scheuen italienischen Flussotter-Population. Auch Apenninen-Wölfe haben sich in diesem Naturparadies ein Refugium bewahrt.

Wie der Monte della Stella ist auch der Monte Gelbison (Monte Sacro) seit Urzeiten

Der Cilento gestern und heute

Die ältesten Menschheitsspuren im Cilento sind eine halbe Million Jahre alt. Zahlreiche Funde rühren aus der mittleren Alt- und

Eines der herausragendsten kirchlichen Baudenkmäler Italiens: die Kartause von Padula.

Jungsteinzeit, als natürliche Karstgrotten an der Küste und im Landesinneren den Menschen als Wohn- und Lagerstätten dienten. Damals schon besaß der Cilento eine Schlüsselstellung im überregionalen Handelsverkehr, wie Obsidianfunde von den Liparischen Inseln und Keramiken aus Apulien belegen. Große Geschichte schrieben die Griechen ab dem 7. Jh. v. Chr. mit der Gründung von Poseidonia, dem später lukanischen, dann römischen Paestum. An der Mündung des Sele berührten sich damals die etruskische und die griechische Welt. Mitte des 6. Jh. v. Chr. gründeten Griechen aus Kleinasien die Stadt Elea. Ihre Philosophen- und Ärzteschule erlangte große Bedeutung und lebte im Mittelalter in der Medizinschule von Salerno fort. Die dorischen Tempel von Paestum und das antike Velia wurden übrigens, wie auch die Kartause von Padula im Vallo di Diano, von der UNESCO zum Welterbe erklärt.

In den unsicheren Zeiten der Spätantike wurden die Küstenstädte verlassen und es entstanden die zahlreichen mittelalterlichen Städtchen im Landesinneren. Die neapolitanischen Sanseverino herrschten als Feudalherren Jahrhunderte lang über den Cilento, und auch die Benediktinerabtei von Cava dei Tirreni übte ihren Einfluss aus. Um die Bevölkerung rechtzeitig vor Piraten zu warnen, wurden entlang der Küste so genannte Sarazenentürme errichtet. Die Unterdrückung durch die Barone machte im 17. Jh. viele landlose Tagelöhner zu Briganten. Im 18. und 19. Jh. beteiligte sich auch die Bevölkerung des Cilento an den revolutionären Aufständen gegen die Bourbonen. Eine neue Welle der Unterdrückung war die Antwort.

Ende des 19. Jh. erfasste auch den Cilento das Auswanderungsfieber, zahlreiche Menschen suchten ein besseres Leben in Amerika. In den 1950-er Jahren wanderten viele nach Deutschland aus. Inzwischen sind viele Emigranten, in einigen Fällen auch die Enkel und Kinder der Emigranten, zurückgekehrt. Sie sehen eine neue Hoffnung im Tourismus.

Ein Nationalpark für Menschen – sanfter Tourismus mit UNESCO-Prädikat

Seit 1991 existiert der Parco Nazionale del Cilento e Vallo di Diano, mit über 180.000 ha der zweitgrößte Nationalpark Italiens. In der südöstlichen Nachbarregion Basilikata wurde 1998 der Parco Nazionale Val d'Agri-Lagonegrese eingerichtet, doch vorerst besteht er nur auf dem Papier. Knapp 30 km Luftlinie trennen den Cilento vom größten Nationalpark Italiens. Der Parco Nazionale del Pollino zieht sich südlich des Golfs von Policastro über die Grenzen der Regionen Basilikata und Kalabrien hinweg. Im Mittelmeerraum findet man nur selten so viel landschaftlich-kulturellen Reichtum und eine solche biologische Vielfalt konzentriert. Das hat auch die UNESCO erkannt, die den Cilento 1997

Auch die bäuerliche Landwirtschaft prägt das Gesicht des Nationalparks Cilento.

in die Liste der Biosphärenreservate und ein Jahr später in die Liste des Welterbes aufgenommen hat. Das UNESCO-Programm Man and Biosphere (MaB) strebt an, eine dauerhaft umweltgerechte Entwicklung und Verbesserung der ökonomisch-sozialen Lebensbedingungen der Menschen mit der langfristigen Sicherung der natürlichen Lebensgrundlagen in Einklang zu bringen. Diese Ziele unterschreiben auch wir. Damit sind die Weichen auf „sanften Tourismus" gestellt. Wer Ruhe, intakte Natur und eine noch unverfälschte Gastfreundschaft sucht, ist

Feudales Anwesen am Sirenen-Kap Punta Licosa.

im Cilento richtig. Die Bevölkerung stand dem Nationalpark anfänglich kritisch gegenüber, viele fürchteten die Gängelung durch die Bürokratie (nicht zu Unrecht!) und wirtschaftliche Einbußen. Inzwischen zeigt sich, dass biologische Landwirtschaft und umweltverträglicher Tourismus eine Zukunftsperspektive sind.

Bäuerlicher Reichtum

In zahlreichen Bergdörfern und auch in einigen der malerischen Hafenstädtchen ist die Zeit zwar nicht stehen geblieben, doch verläuft sie hier langsamer als anderswo. Der große Reichtum des Cilento ist die intakte Natur und die natürliche Gastfreundschaft seiner Bewohner. Den Cilento, uraltes Kulturland zwischen Bergen und Meer, lernt man nicht zuletzt durch seine Küche kennen. Was heute als „mediterrane Diät" in aller Munde ist, wurde übrigens 1954 zum ersten Mal vom amerikanischen Ernährungswissenschaftler Ancel Keys im Cilento untersucht. Der Cilento, seit jeher bekannt für gutes Olivenöl, macht seit einigen Jahren auch durch seine Weine von sich reden.

Aktiv-Urlaub – oder einfach auch nur faul sein am Strand

Der Cilento ist ein Eldorado für Wassersportler. Surfer und Taucher sind hier in ihrem Element. Endlose kinderfreundliche Sandstrände und verschwiegene Kiesbuchten, die nur zu Fuß oder mit dem Boot zu erreichen sind... – jeder findet hier seinen Lieblingsstrand. Neben der Badehose gehören unbedingt auch die Wanderschuhe ins Gepäck! Auf schönen alten Wirtschaftswegen, von leicht bis anspruchsvoll, ist der ganze landschaftliche Reichtum des Nationalparks zu erleben. Verkehrsarme gut asphaltierte Straßen laden zu ausgedehnten Radtouren ein. Der Cilento bietet auch Reitern ein besonderes Landschaftserlebnis, der Calore ist ein reizvolles Revier für Kajakfahrer. Sogar aus Vogelperspektive ist der Cilento zu entdecken: Capáccio Vecchio ist eine der Top-Locations für Drachen- und Gleitschirmflieger in Süditalien. Kurz, der Cilento ist ein rundum ideales Urlaubsziel für die ganze Familie!

Einen sonnig-kurzweiligen Urlaub im Cilento wünscht Ihnen

Ihr Peter Amann

Peter Amann

Eines der vielseitigsten Wandergebiete Süditaliens

Der Cilento ist landschaftlich und kulturgeschichtlich eines der vielseitigsten Wandergebiete Süditaliens. Meer und Berge liegen nah beieinander, bäuerliche Kulturlandschaften mit uralten Olivenhainen wechseln sich mit duftender Macchia und lauschigen Wäldern ab. In höheren Berglagen blühen im Sommer die Almwiesen. Viele alte Wirtschaftswege sind noch intakt, nach und nach werden sie als Wanderwege markiert. Dabei bemühen sich Nationalparkverwaltung, C.A.I. (Italienischer Alpenverein) und lokale Initiativen um den Ausbau eines Wanderwegenetzes.

Das Bewusstsein für einen nachhaltigen Tourismus wächst. Kursierten in den vergangenen Jahren noch irreführende, von der Europäischen Union (EU) finanzierte (!), Broschüren und Karten, auf denen zwar von sentieri („Wanderwegen“) die Rede war, die aber kaum Autofahrern zur Orientierung hätten dienen können, gibt es seit einiger Zeit auch konkretere Initiativen. Kommunen wie Magliano und Felitto haben auf ihrem Gemeindegebiet Wege markiert und Wandertafeln aufgestellt, die Comunità Montana Alento–Monte Stella hat Wege markiert und darüber hinaus eine nützliche Publikation mit präzisen Karten und zuverlässigen Routenbeschreibungen herausgegeben. Diese Beispiele sollten Schule machen, denn sie fördern den ökologisch wie ökonomisch sinnvollen Tourismus außerhalb der Hochsaison – ein wirtschaftliches Signal an die Menschen, die im Gebiet des Nationalparks leben und ihn bislang als Hemmnis erlebt haben.

In Süditalien wird Wandern immer noch mit einem Ruch von Abenteuer „Trekking“ genannt. Vor Ort gibt es eine Reihe von Organisationen, die Trekking in Gruppen anbieten. Die Routen in diesem Buch reichen vom Spaziergang bis zur anspruchsvollen Bergtour, führen auf den Spuren antiker Philosophen, zu Ruinen und verlassenen Städten, zu alten Kultstätten und auf heilige Berge, in tiefe Schluchten und auf aussichtsreiche Gipfel oder an wilden Küsten entlang. Kurz, der Cilento ist ein Wanderparadies für die ganze Familie.

Es bedarf keiner alpinen Kondition, um die vorgeschlagenen Wanderungen zu genießen. Etliche Routen machen auch Kindern Spaß. Bei Einhaltung grundsätzlicher Vorsichtsregeln besteht keinerlei Gefahr. Gehen Sie möglichst nie alleine und benutzen Sie Wanderschuhe mit guter Profilsohle und festem Knöchelhalt. Nehmen Sie eine elastische Binde, ausreichend Getränke und Sonnenschutz mit. Bei Nebel oder schlechtem Wetter empfiehlt es sich, die Wanderung abzubrechen.

Wanderkarten

◆ Comunità Montana Alento–Monte Stella, Via Roma 1, Laureana Cilento, Tel. 0974832290, 0974832470, www.alento-montestella.it. In Zusammenarbeit mit Peter Hoogstaden (siehe unten) ist das nützliche Büchlein mit Wanderbeschreibungen und herausnehmbaren Karten im Maßstab 1:25.000 entstanden. Für spottbillige 3 Euro in Info-Büros und am Kiosk, auch auf Deutsch.

◆ Libreria Internazionale, Piazza XXIV Maggio 12, Salerno, Tel. 089220957, Mo bis Sa 8.30–13.30 und 16.30–20.30 Uhr. Militärkarten

1:25.000 und 1:50.000. Die IGM-Karten für den Cilento wurden in den 1990-er Jahren aktualisiert.

◆ Parco Nazionale del Cilento e Vallo di Diano, Via Palumbo 16, Vallo delle Lucania, Tel. 0974719911, www.pncvd.it. Das Info-Material des Nationalparks liegt auch in allen Touristenbüros aus.

Bergführer / Wandern ohne Gepäck

◆ Associazione Posidonia, c/o Salvatore Calicchio, Via San Vito 28, Marina di Camerota, Tel. 0974935023 (priv.), Mobil 3335953513, 3393703945. Salvatore, Lehrer in Camerota, führt mit viel Begeisterung naturkundliche Wanderungen um Marina di Camerota. Auch Boostausflüge möglich (siehe „Am Meer").

◆ Associazione Pro Ulisse, Piazza Marconi 61, Marina di Casal Velino, Tel. 0974900059, Mobil 3335447222, www.ulisseprocilento.com. Vincenzo Morinelli und die anderen Mitglieder seiner Assoziation führen Wanderungen im Gebiet der Comunità Montana Alento–Monte Stella.

◆ Associazione Ripe Rosse, Via Nazionale 47, Frazione Agnone, Montecorice (auf halber Strecke zwischen S. Maria di Castellabate und Acciaroli an der SS 267), Tel./Fax 0974964488, www.cilentoverdeblu.it. April bis September tägl., Oktober bis März nur Sa, So. Infos zum Nationalpark, geführte Wanderungen, Wildwasserwandern im Calore und Bussento, Kajakfahren, naturkundliche Ausflüge mit Fischerbooten und Segelyachten (siehe „Am Meer"). Einige Mitglieder der Assoziation von Giuseppe Damiani sprechen auch deutsch.

◆ Cilentano, Malergasse 7, D-93047 Regensburg, Tel. (0941) 567646-0, Fax (0941) 567646-1, www.cilento-ferien.de. Salvatore Calicchio (siehe oben) begleitet im Frühjahr und Herbst 7-tägige Wandergruppenreisen. Picknick mit lokalen Spezialitäten unterwegs, Besuch einer Ölmühle. Als Standquartier dient ein kleines Familienhotel in Marina di Camerota, wenige Schritte vom Calanca-Strand.

◆ Genius Loci Turismo, Casella Postale 223, Salerno, Tel./Fax 089791896, www.genius-loci.it. Der holländische Landschaftsökologe Peter Hoogstaden organisiert Wander- und Fahrradreisen in Süditalien mit Schwerpunkt Cilento. Die Gäste erhalten alle notwendigen Routeninfos, um selbstständig vor Ort zu reisen, auf Wunsch auch in Begleitung von Führern. Für Übernachtung und Gepäcktransport wird gesorgt.

◆ Gruppo Escursionistico Trekking – Cultnatura, Via Zamila, Rofrano, Tel. 097492135, Mobil 3479497391, www.cilentotrekking.it. Mimmo Pandolfo (spricht Deutsch und Englisch) und die anderen Mitglieder des GET führen ganzjährig Wanderungen im südlichen Cilento und im gebirgigen Landesinneren. Routenbeschreibungen auf der Internetseite. Das Büro ist zugleich Info-Stelle des Nationalparks.

◆ Gruppo Escursionistico Trekking – Vallo di Diano, Via Provinciale 25, Silla di Sassano (6 km westl. Padula), Tel./Fax 097572586, Mobil 3383095044 (Giancarlo Priante), 3395788065 (Vittorio Dorilia), www.getvallodidiano.it. Der GET organisiert Tageswanderungen und mehrtägige Trekkingtouren in den Monti Alburni und im Cervati-Massiv, sowie Mountainbike-Touren, Pferdewandern, Speleologie, Kajakfahren und Rafting. Privatunterkünfte und Berghütten.

1. Capáccio Veccio – *Ausblick und Geschichte*

Selbst ohne den Spaziergang lohnt die kurze Fahrt von Paestum hoch zum Santuario Madonna del Granato (siehe Radtour 2). So wie Capáccio die mittelalterliche Nachfolgesiedlung von Paestum war, so lebt der Hera-Kult in der Verehrung der Granatapfel-Madonna fort. Vom Kirchenvorplatz genießt man einen herrlichen Blick auf die Sele-Ebene mit den antiken Tempeln von Paestum, den Golf von Salerno und die Amalfitana. Oberhalb der Kirche liegen die Ruinen von Capáccio Vecchio.

An klaren Tagen reicht der Blick von Capáccio Vecchio weit über die Sele-Ebene bis zur Amalfitana und Capri.

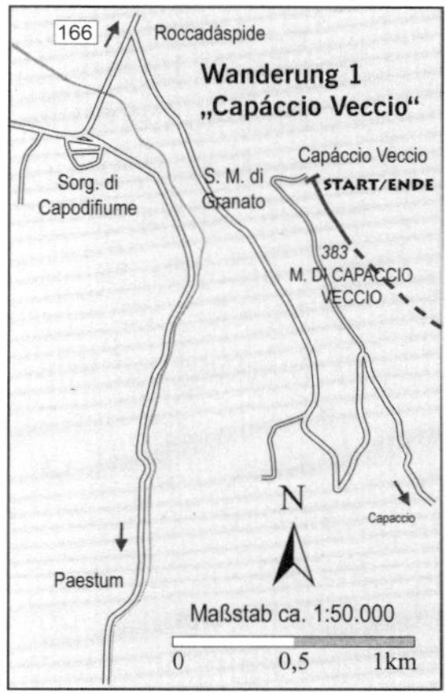

Im Rücken der Wallfahrtskirche führt eine Forststraße in den Sattel unterhalb des Monte di Capáccio Vecchio (383 m). Mit wenigen Schritten lässt sich der darüber liegende Hügel erklimmen. Im Grün der Macchia schlummern die Ruinen der im Jahr 1248 von Friedrich II. zerstörten Stadt. Ein lauschiges Picknick-Plätzchen! Auf dem verkarsteten Bergkamm kann man weiter bis zum Monte Soprano (1.082 m) wandern. Gleitschirmflieger nutzen an warmen Nachmittagen die Thermik am Hang.

2. Punta Tresino – *Halbinsel mit Vergangenheit*

Auf der Halbinsel zwischen Agròpoli und S. Maria di Castellabate ist die Zeit stehen geblieben. Nicht nur Kindern macht es Spaß, durch den verlassenen Ort S. Giovanni zu streifen. Auf alten Ackerterrassen und in aufgegebenen Olivenhainen breitet sich duftende Macchia aus, während unter der Erde die Reste des antiken Trezene schlummern. Die weit verbreiteten hohen Büschel des Mauretanischen Riesengrases (Amphelodesmus mauretanica) sind ein Indiz dafür, dass hier Hirten gelegentlich Feuer legen.

Charakter: Mittelschwere Rundwanderung mit weiten Landschaftsblicken. Breite Schotterpisten und alte Wirtschaftswege. Längere Abschnitte im offenen Gelände, teils Schatten.

Tipps: Gefasste Quelle unterhalb S. Giovanni. Gute Badestrände in S. Maria di Castellabate und in der Baia di Trentova.

Gehzeit: Zona Lago – S. Giovanni

1 1/4 Std., S. Giovanni – Contrada Pàstena 1 Std., Contrada Pàstena – Punta Tresino 1/2 Std., Punta Tresino – Zona Lago 1 Std., **Gesamtzeit ca. 4 Std.**

Länge: 12 km.

Höhenunterschied: 280 m.

Karten: Comunità Montana Alento Monte Stella „Il Monte della Stella – la montagna sul mare", 1:25.000. IGM „F 502 Sez I. Agròpoli", 1: 25.000.

Markierung: Wandertafeln am Start, rot-weiße Markierungen unterwegs.

Start: Zona Lago nördlich S. Maria di Castellabate, über den Strand von S. Maria aus zu Fuß in ca. 45 Min. zu erreichen. Einstieg auch an der Baia di Trentova südlich Agròpoli möglich. Städtische Busse aus S. Maria di Castellabate in die Zona Lago bzw. CSTP-Busse aus Agròpoli zur Baia di Trentova. Parkmöglichkeiten.

Vom nördlichen Ortsrand in **Lago** auf breiter Schotterpiste parallel zum Steilufer den kieferbestandenen Hang hochsteigen. Nach ca. 10 Min. zweigt links eine Stichstraße zur privaten Azienda Agricola S. Giovanni ab, hier rechts weiter hoch. Unterwegs stoßen vom Cozzo Piano Cupo kommend von rechts weitere Kiesstraßen dazu. Geradeaus weiter hoch. Vorne am Hang sind die Ruinen der verlassenen Ortschaft S. Giovanni auszumachen. Ca. 20 Min. ab Start die rechts abzweigende Schotterstraße unbeachtet lassen und in Serpentinen nach links weiter aufsteigen (auf gleicher Höhe stößt von links ein Pfad dazu, später der Rückweg). Nach weiteren 10 Min. Anstieg gabelt sich die Schotterstraße erneut, unsere Wanderung setzt sich rechts fort. Vorher lohnt jedoch der kurze Abstecher zur Quelle nach links hoch. In der nächsten Kurve links auf die Dattelpalmen zuhalten. Herrlich klares Quellwasser strömt in einen langen Trog!

Zurück an der Gabelung, auf der südlich verlaufenden Piste in lang gezogenen Serpentinen weiter hoch, begleitet von herrlichen Blicken auf S. Maria di Castel-

Die Wanderung hoch über der Küste führt durch blühende Macchia. Im Hintergrund die Punta Licosa (siehe Wanderung 3).

labate, Punta Licosa (siehe Wanderung 3), Castellabate und Monte della Stella (siehe Wanderung 5). Auf der Scheitelhöhe treffen wir auf eine querende, eben verlaufende Piste. Nach links weiter ist bald das verlassene **S. Giovanni** erreicht (228 m). An der Piazza eine eindrucksvolle Freitreppe, linker Hand die ehemalige Kirche mit kleinen Ecktürmchen.

Weiter in Nordrichtung. Kurz darauf an der Gabelung die linke, untere Fahrspur wählen und zu Füßen des Gipfels eben bis zum nächsten Gatter. Die Gehrichtung beibehaltend, setzt sich die verwachsene Fahrspur durch hohe Macchia als Pfad fort – Capri, die Amalfitana und die Sele-Ebene mit den Tempeln von Paestum im Blick. Unterwegs einige leicht passierbare Gatter. Dann durch Mischwald über Reste alter Pflasterung bergab, bis der Weg mit Blick auf die Baia di Trentova wieder ins Freie tritt. Mit etwas Orientierungsgeschick nach links auf einem Pfad absteigen, der auf eine holprige Fahrspur trifft, und dieser weiter nach links folgen. Vorbei an der eindrucksvollen Ruine einer Masseria (Gutshof) treffen wir in der **Contrada Pàstena** auf die breite Schotterpiste, die rechts von der **Baia di Trentova** heran führt.

Im Uhrzeigersinn nach links auf der Fahrspur weiter, bald an einem hohen Maschendrahtzaun entlang. Danach an einer Gabelung links weiter. Rechter Hand liegen eine weitere Masseria und das Meer. Die Fahrspur quert kurz darauf ein kleines Tal und schwenkt im Schatten eines Steineichenhaines nach rechts. Von der Ruine des mittelalterlichen Küstenwachturms an der **Punta Tresino** (64 m) sehen wir im Süden die Punta Licosa. Wenden wir uns um, öffnet sich der Blick auf Agròpoli und den Golf von Salerno.

Auf der Fahrspur weiter in Richtung Süden. Unterwegs sperren große Felsbrocken die Piste. Die Fahrspur wird zum Pfad, und dieser endet vor dem Maschendrahtzaun der **Azienda Agricola S. Giovanni**.

Außen am Zaun setzt sich der Weg im Linksbogen fort, bis wir auf der gegenüberliegenden Seite erneut auf einen schmalen Pfad treffen und diesem nach links folgen. Ein letztes Hindernis noch, ein Gatter in einem feuchten Tälchen, dann führt der Pfad schräg den Hang hoch, bis er auf die breite Schotterstraße trifft. Hier schließt sich der Kreis. Nach rechts bergab, geht es westlich des Cozzo Piano Cupo zurück nach **Lago**.

3. Punta Licosa – *Halbinsel mit Vergangenheit*

Laut Strabon verdanken das Kap und die vorgelagerte Insel ihren Namen der Sirene Leucosia. Der Sage nach suchte sie hier den Tod, nachdem Odysseus sich, scheinbar unbeeindruckt von ihrem verführerischen Gesang, von seinen Mannen hatte vorbei rudern lassen. Besonders zauberhaft ist der Küstenabschnitt zwischen Punta Licosa und Punta Ogliastro. In diesem Abschnitt verläuft ein schmaler Pfad mit leichtem Auf und Ab unmittelbar am Meer, teils im Schatten hoher Schirmpinien, teils durch duftende Küstenmacchia. Zwischen S. Marco di Castellabate und der Punta Licosa genießt man die Blicke auf den Golf von Castellabate, die Punta Tresino (siehe Wanderung 2), die Amalfitana und bei guter Sicht sogar Capri.

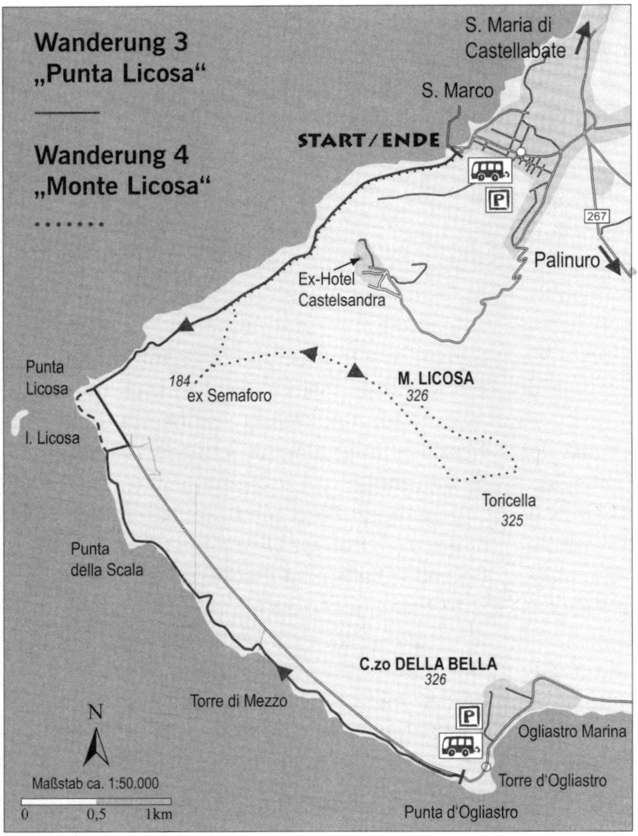

Charakter: Einfache Streckenwanderung ohne nennenswerte Höhenunterschiede. Unterwegs kann man auf bezeichnetem Weg zum Monte Licosa aufsteigen (siehe Wanderung 4).

Tipps: In Ogliastro Marina kann man guten Fisch bei „Da Carmine“ essen (siehe Seite 76). Von S. Marco aus lässt sich die Isola Licosa auch mit dem Boot ansteuern. Auskunft im Hafen.

Gehzeit: S. Marco – Punta Licosa 1 Std., Punta Licosa – Punta d'Ogliastro ca. 1 1/2 Std., **Gesamtzeit einfach 2–2 1/2 Std.**

Länge: 7 km einfach.

Höhenunterschied: 40 m.

Karten: Comunità Montana Alento Monte Stella „Il Monte della Stella – Circuito di Punta Licosa e Monte Licosa“, 1:25.000. IGM „F 502 Sez II. Castellabate“, 1: 25.000.

Markierung: Keine, Orientierung problemlos.

Start: Hafen von S. Marco, von S. Maria aus auch zu Fuß über den Strand zu erreichen. Stadtbusse aus Castellabate und S. Maria di Castellabate, im Sommer auch bis Ogliastro Marina.

In den Kiefernhainen an der Punta Licosa fängt sich nachmittags das Sonnenlicht.

In S. Marco di Castellabate zieht sich vom Hafen aus auf Höhe des Hotels „L'Approdo" eine schmale, nur anfänglich asphaltierte Straße im Rücken einiger Ferienhäuser in Richtung Punta Licosa. Ganz selten nur verkehren hier Anwohner. Der erste Abschnitt verläuft im Waldschatten. Unterwegs findet sich auch der bezeichnete Abstecher auf den Monte Licosa. Kurz danach, ca. 30 Min. nach Start, führen auf Höhe einer Masseria mit charakteristischem Taubenturm einige Zementstufen hinab. Weiter geht es, an einem Acker entlang, in südwestlicher Richtung zum Kap. Wo der Weg parallel zur niedrigen Steilküste nach links schwenkt, steht ein sehenswertes Kalvarienkreuz. An Ferienhäusern vorbei, erreichen wir auf der Höhe eines winzigen Hafens eine Kreuzung. Ein feudales Anwesen versperrt von dieser Seite den direkten Zugang zur Punta Licosa.

Der Asphaltstraße einige hundert Meter nach links folgend und am Grundstücksende nach rechts an der Mauer entlang, erreichen wir erneut die Küste, jetzt mit Blick auf die Insel und den Leuchtturm. Auf dem Küstenpfad lässt sich jetzt nach rechts ein Abstecher zur Punta Licosa machen. Anschließend folgen wir nach Südosten dem wunderschönen Küstenpfad Richtung Punta d'Ogliastro.

Ist die Punta d'Ogliastro Ausgangspunkt der Wanderung, durchschreiten wir zunächst eine Schranke, die nicht-autorisierten Fahrzeugen die Durchfahrt versperrt. Unmittelbar danach zweigen wir von der Kiesstraße links zum Meer ab und treffen auf den schmalen Küstenpfad. Auch wenn sich dieser Weg unterwegs verzweigt oder kurzzeitig vom Meer weg führt, kehrt er letztlich immer wieder ans Ufer zurück. Kurz vor der Punta Licosa stoßen wir rechter Hand auf die vorhin erwähnte Steinmauer. An der Grundstücksmauer entlang nach rechts bis zur Straße gehen und auf dieser links weiter. Zurück an der Küste, mit Blick auf den Golf von Castellamare, dem breiten Weg nach rechts in Richtung S. Marco folgen.

4. Monte Licosa – *Belvedere für Bambini*

Der Aufstieg zur verfallenen Marine-Beobachtungsstation oberhalb der Punta Licosa ist eine lohnende „Bergtour", auch für Kinder. Im Frühsommer überziehen blühende Zistrosen die Hänge.

Ein bezeichneter Weg führt zum Ex-Semaforo und weiter auf den Monte Licosa.

Charakter: Einfache Gipfelbesteigung, für Kinder eventuell mittelschwer.

Tipp: Lässt sich mit Wanderung 3 „Punta Licosa“ kombinieren.

Gehzeit: S. Marco – Ex-Semaforo 50 Min., Ex-Semaforo – Monte Licosa 30 Min., Monte Licosa – S. Marco 1 Std., **Gesamtzeit ca. 2 1/2 Std.**

Länge: 11 km.

Höhenunterschied: 326 m.

Karten: Comunità Montana Alento Monte Stella „Il Monte della Stella – Circuito di Punta Licosa e Monte Licosa“, 1:5.000. IGM „F 502 Sez II. Castellabate“, 1: 25.000.

Markierung: Hinweisschild, rot-weiße Markierungen.

Start: Hafen von S. Marco, von S. Maria aus auch zu Fuß über den Strand zu erreichen. Stadtbusse aus Castellabate und S. Maria di Castellabate.

Im ersten Abschnitt folgt die Route der Wanderung 3 in Richtung Punta Licosa. Nach ca. 25 Min. achten wir, auf Höhe einer Häusergruppe, bergseitig auf das Holzschild „Nature trail – Sentiero Ex-Semaforo". Hier biegen wir links auf einen Treppenweg, der an dem einsamen, kleinen Haus seitlich vorbei hoch führt. Oberhalb des Hauses steigt der deutlich ausgetretene, jetzt auch markierte Weg durch duftende Macchia in langgezogenen Serpentinen weiter an. Nach weiteren 20 Min. stoßen wir von unten auf einen Grat. Die breite Forstpiste dient hier zugleich als Feuerschutzstreifen. Nach rechts erreichen wir mit wenigen Schritten den Ex-Semaforo, eine verfallene

Blick auf das Bergstädtchen Castellabate von unterwegs.

Marine-Beobachtungsstation (184 m) aus bourbonischer Zeit, direkt über der Punta Licosa.

Zum Gipfel, am Turm deutlich zu erkennen, folgt man den breiten Forstpisten ins Landesinnere, zweigt unterwegs an der Y-Gabelung links ab und an der nächsten Kreuzung wieder links. Der Monte Licosa (326 m) bietet einen perfekten 360°-Blick! Auf demselben Weg zurück.

5. Monte della Stella – *Den Cilento im Blick*

Vom Monte della Stella liegt einem der Süden Kampaniens zu Füßen. Wie der Monte Gelbison (siehe Wanderung 12), seit Urzeiten ein heiliger Berg, hatte er in der Antike auch praktische Bedeutung als Signalstation zwischen Poseidonia (Paestum) und Elea (Velia). Den kegelförmigen Berg, ursprünglich Monte Cilento genannt, umgibt ein Kranz mittelalterlicher Orte. Mitte August strömen Pilger aus allen Himmelsrichtungen zum Santuario della Madonna della Stella, das sich unterhalb des Gipfels anstelle einer alten Langobardenfestung erhebt. Die Radarstation auf dem Gipfelplateau ist eine der wichtigsten Flugleitstellen Süditaliens.

Charakter: Moderater Anstieg auf deutlichen Pfaden im schattigen Kastanienwald und weiter über einen aussichtsreichen Grat. Zurück auf demselben Weg. Der Gipfel ist von Omignano aus auch mit dem Auto zu erreichen.

Tipps: Picknick einpacken! Die schönsten Plätze liegen auf dem Castelluccio, bzw. auf dem Felsgrat kurz vor dem Gipfel des Monte della Stella.

Gehzeit: Acqua del Ceraso – Vallone Cupo 20 Min., Vallone Cupo – Castelluccio 40 Min., Castelluccio – Monte della Stella 50 Min., Monte della Stella – Acqua del Ceraso 1 3/4 Std., **Gesamtzeit ca. 4 Std.**

Länge: 9 km.

Höhenunterschied: 430 m.

Karten: Comunità Montana Alento Monte Stella „Il Monte della Stella", 1: 25.000. IGM „F 503 Sez. III. Omignano", 1:25.000.

Markierung: Hinweisschilder aus Holz, rot-weiße Wegmarkierungen.

Start: Anfahrt am besten mit eigenem Fahrzeug. Am südlichen Ortsrand von Mercato Cilento Richtung Sessa Cilento abbiegen. Rechter Hand liegen ein Supermarkt und das Ristorante Castagneto (Egidio und Alberino Mutalipassi kennen die umliegenden Berge gut; Tel. 0874845106). Vorbei am Restaurant rechts Richtung San Mauro Cilento und knapp 2 km hinter dem Ort, wenige hundert Meter vor der Passhöhe,

Im Frühjahr überzieht sich der Waldboden mit blühenden Narzissen.

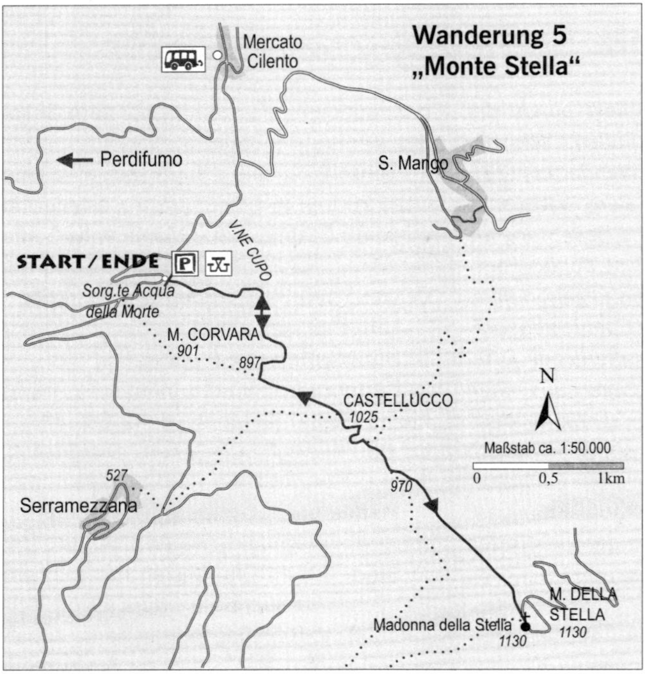

dann biegen wir links in eine querende Forststraße. Etwa 5 Min. später biegen wir rechts auf einen angelegten Treppenweg ab. Holzstufen und Serpentinen führen im schattigen Kastanienhain hoch, dann schwenkt der Pfad nach rechts und führt ins Freie. Nach Norden blickt man auf Mercato Cilento hinab. Links zum Grat aufsteigen und auf der anderen Seite des Zaunes dem anfänglich steilen Gratweg bergauf folgen. Diese Stelle für den Rückweg einprägen! Weite

rechts an der Picknickzone (ital. area attrezata) „Acqua del Ceraso“ parken.

Vom Holzschild „Area Acqua del Ceraso“ (700 m) – hier gab es eine Quelle, deren Wasser so kalt war, dass man sich beim Trinken den Tod holen konnte, daher der alte Name „Acqua della Morte” – der Fahrspur folgen und gleich darauf an der Gabelung links weitergehen, vorbei an der Picknickzone und einem Holzpavillon. Der Weg schwenkt nach rechts, verschmälert sich zum Pfad und beginnt im Kastanienwald über Holzstufen aufzusteigen. Ein Holzschild weist zur „Sorgente Vallone Cupo“. Der Pfad quert ein Tälchen, führt unter großen Kirschbäumen, der Area del Ciliegio, wieder hoch, fällt erneut ab und quert über eine Holzbrücke den Vallone Cupo (600 m) mit kleinem Wasserfall.

Auf fahrspurbreitem, ebenem Weg geht es wenige hundert Meter nach rechts,

Blicke bis zum Capo Palinuro begleiten den Anstieg, vor uns der Castelluccio und schräg dahinter der Monte della Stella.

Der Zwischengipfel des Castelluccio (1.025 m) ist ein herrlicher Rastplatz mit perfektem Rundumblick. Beim Abstieg auf der anderen Seite erkennen wir spärliche Reste einer alten Langobardenburg. Aus dem breiten Sattel dem südöstlich verlaufenden Grat weiter bergauf folgen. Vorbei an wunderschönen Felsformationen erreichen wir die Picknickzone unterhalb des Gipfels (1.130 m). Die Asphaltstraße führt rechts zum Santuario della Madonna della Stella.

Auf demselben Weg wieder zurück zum Ausgangspunkt. Zwar gäbe es andere Abstiegsvarianten; da die Kastanienhaine aber regelmäßig gefällt werden, verändern sich auch die Wege. Ohne Ortskenntnis kann man sich leicht verirren.

6. Von Pioppi nach Acciaroli – *Lohnender Umweg*

Dieser „Umweg" durch das bäuerliche Hinterland verbindet zwei reizvolle Küstenorte miteinander. Frei vom Autoverkehr ist Póllica einer der hübschesten Orte im westlichen Cilento.

Charakter: Verkehrsfreie Straßen und Feldwege, herrliche Ausblicke.

Gehzeit: Pioppi – Celso 1 Std. 30 Min., Celso – Póllica 30 Min., Póllica – Cannicchio 30 Min., Cannicchio – Acciaroli 45 Min., **Gesamtzeit ca. 3 Std. 30 Min**.

Länge: 10 km.

Höhenunterschied: 480 m.

Karten: Comunità Montana Alento Monte Stella „Da Casalvelino ad Acciaroli", 1:25.000. IGM „F 519 Sez. IV. Casal Velino", 1: 25.000.

Markierung: Gelbe Wegmarkierungen, Holzschilder.

Start: Pioppi. Linienbusse der CSTP (www.cstp.it) verbinden Acciaroli, Pioppi und Marina di Casal Velino.

Variante: Der Weg nach Celso kann auch in Marina di Casal Velino oder Casal Velino beginnen.

Am westlichen Ortsrand von Pioppi beschreibt die SS 267 an der Mündung des Torrente delle Mortelle einen Schlenker weg von der Küste. Wir verlassen die SS 267 an der Brücke und folgen im Tal des Torrente delle Mortelle dem anfänglich asphaltierten Weg ins Landesinnere bergauf. Anfänglich begleitet uns noch Zivilisationsmüll, weiter oben zeigt sich der Bach als intaktes Biotop. Nach etwa 1 Std. stoßen wir von unten auf den Weg, der aus östlicher Richtung aus Casal Velino heran führt und sich nach Westen in Richtung Celso fortsetzt. Der mittelalterliche Borgo verdient einen kurzen Abstecher. Von der Kirche genießt man einen tollen Blick auf die Küste und Acciaroli, eine gute Orientierung für den kommenden Abschnitt. (Von Celso führt auch ein Weg hoch zum Monte Stella, siehe Wanderung 5.)

Am südlichen Ortsrand von Celso biegen wir kurz nach der Post auf eine schmale nach links aufsteigende Zementstraße, die nach links schwenkt und sich unbefestigt fortsetzt. Weiter leicht ansteigend gelangen wir an eine Gabelung und gehen rechts weiter hoch. Zwischen einigen Felsen durch geht es eben weiter mit Blick in Richtung Velia (siehe Wanderung

Der Palazzo Vinciprova in Pioppi beherbergt ein Meeres-Museum (siehe Seite 65).

13) und Capo Palinuro (siehe Wanderung 15). Der Weg verbreitert sich und führt unterhalb des Franziskanerkonvents östlich von Póllica vorbei. Am Konvent zweigt ein bezeichneter Abstecher auf die aussichtsreiche Serra di Molino a Vento ab.

Die Gehrichtung beibehaltend folgen wir der Asphaltstraße oberhalb Póllicas ein kurzes Stück nach Westen, bis wir auf Höhe der Scuola Media nach rechts auf einem Treppenweg in den historischen Ortskern mit dem imposanten Kastell absteigen. Von der Hauptpiazza verlassen wir über die Via Garibaldi den Ort in westliche Richtung. Unser Weg führt zunächst unterhalb der Straße Richtung Cannicchio, zu der wir nach einigen hundert Metern rechts aufsteigen, um ihr bis auf Höhe der ersten Häuser des Ortes zu folgen. Während die Asphaltstraße eine Rechtskurve beschreibt, biegen wir links auf die gepflasterte Straße, die mitten durch Cannicchio führt. Die Häuser des kleinen Ortes reihen sich auf dem Grat.

Am südlichen Ortsrand folgen wir der alten, nur abschnittsweise asphaltierten Straße bergab bis zur Capella di S. Rocco. Hier queren wir die Asphaltstraße, die Acciaroli mit Cannicchio verbindet, und setzen den Abstieg in gerader Linie zur Küste auf einem Weg durch duftende Macchia fort. Von oben treffen wir auf die Küstenstraße, der wir nur ein kurzes Stück nach links folgen, um gleich darauf rechts auf die alte Straße abzubiegen, die zum Flusstal hinab führt. Wenige Minuten später erreichen wir den Hafen von Acciaroli, den auch Hemingway in den 1950-er Jahren gerne aufgesucht hat.

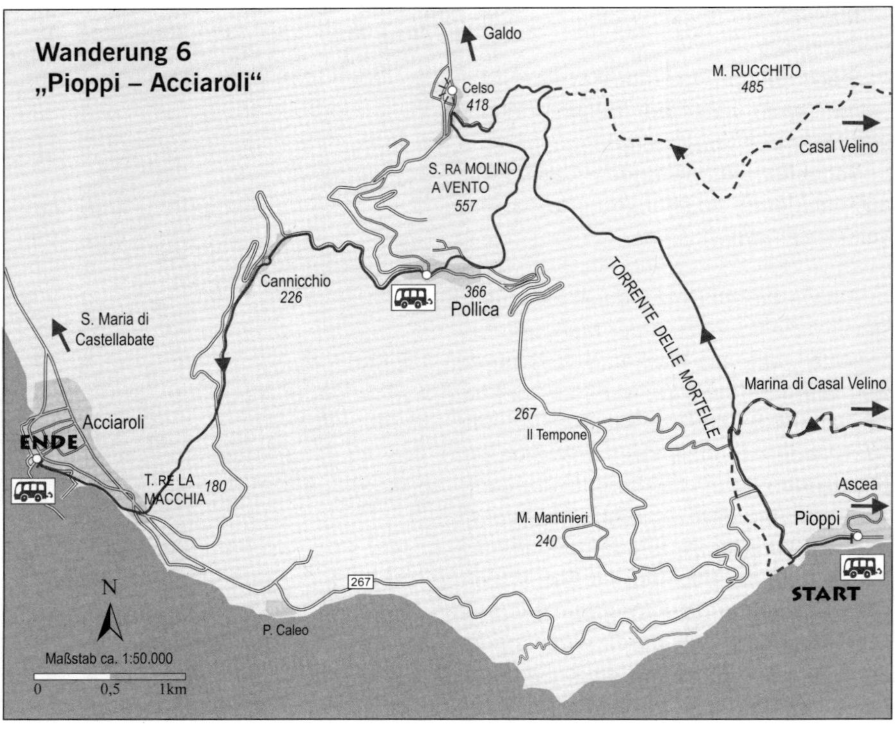

7. Magliano Vètere – *Felskapellen mit Fernblick*

Der Höhenzug im Südwesten der Calore-Schucht (siehe Wanderung 8) ist ein kleines Wanderparadies mit viel Belvedere. Die Pro Loco hat in den Orten Capizzo, Magliano Vètere und Magliano Nuovo Wandertafeln aufstellen und Wege markieren lassen.

Die Cappella S. Mauro klebt wie ein Schwalbennest an der Felswand.

Charakter: Tolle Ausblicke und schattige Wälder. Felsstufen, Kammpfade und breite Wirtschaftswege.

Gehzeit: Magliano Vètere – Cappella S. Lucia 20 Min., Cappella S. Lucia – Cappella S. Mauro 1 1/4 Std., Cappella S. Mauro – Picknickplatz 1 Std., Picknickplatz – Magliano Vètere 3/4 Std., **Gesamtzeit ca. 3 1/2 Std**.

Länge: 9 km.

Höhenunterschied: 460 m.

Karten: IGM „F 503 Sez. I. Felitto", 1:25.000.

Markierung: Wandertafeln, rot-weiße Wegmarkierungen. Die Rundwanderung folgt im ersten Abschnitt der markierten Route P 2.

Start: Linienbusse aus Capaccio halten in Magliano Vètere. Parkplätze auf der Piazza.

An der Durchgangsstraße von Magliano Vètere (647 m) liegt die Piazza mit Brunnen, Rathaus, Apotheke und Bar. Vorbei an der Chiesa Madre gehen wir auf der Pflasterstraße im Ort bergauf. Ein Holzschild am nördlichen Ortsrand weist den Weg zur „Cappella S. Lucia". Über Stufen steigt der Pilgerweg zur winzigen, an den Fels geklebten Capella S. Lucia (743 m).

Zwischen Felsen geht es noch ein kurzes Stück zur Kammlinie und zum Sattel hoch. Über das Calore-Tal hinweg sehen wir auf die Monti Alburni. Nach rechts weist ein Schild zum „Fiume Calore". Wir folgen links dem Schild „Cappella S. Mauro" auf der Kammlinie in nordwestliche Richtung. Von einer Anhöhe (793 m) genießen wir den atemberaubenden Rundblick auf Monte Stella (siehe Wanderung 5), Golf von Salerno, Amalfitana, Capri, Ebene von Paestum, Monti Alburni, Calore-Schlucht und Cervati-Massiv (siehe Wanderung 11). Mit dem Grat steigen wir zum nächsten Sattel ab, wo wir auf eine von Magliano Vètere hoch führende Teerstraße treffen. Dieser folgen wir ca. 50 m bergab, bis wir unterhalb des steinverkleideten Wasserspeichers (778 m) (ital. serbatoio) rechts den markierten Weg wieder treffen. Nach kurzem Anstieg setzt sich der schmale, stellenweise von Wildschweinen

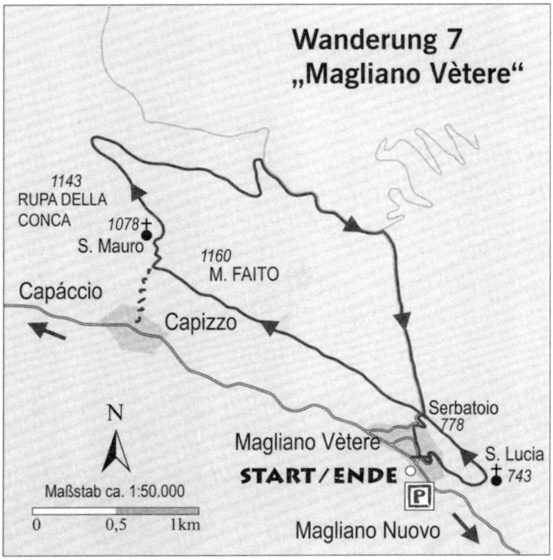

aufgewühlte Pfad mit leichtem Auf und Ab im Halbschatten eines Ulmen-Steineichen-wäldchens fort. Zur Rechten ragen steil die Felswände der Rupa della Noce und des Monte Faito auf. Unterwegs öffnen sich Blicke ins Alento-Tal. Wir queren eine Reihe trockener Bachbette. Dann stoßen wir auf einen breiten Weg – den Pilgerweg aus Capizzo –, dem wir in langgezogenen Serpentinen nach rechts bergauf folgen. Wenige Minuten später der Abstecher zur Capella S. Mauro (1.078 m), die sich mit schönem Portal an die Felswand lehnt.

Zurück an der Gabelung, setzen wir den Aufstieg fort. Die Serpentinen führen aus dem Wald ins Freie und auf den Felskamm (ital. cresta). Aus dem Sattel folgen wir am Hang der schräg nach Nordwesten hinab führenden Wegspur in einen Laubmischwald, der in einen ausgedehnten Kastanienhain übergeht. Wir halten rechter Hand Ausschau nach einer breiten Forststraße, zu der wir ohne Weg absteigen. Auf der breiten, eben verlaufenden Fahrspur geht es rechts zurück in Richtung Magliano Vètere. Unterwegs stoßen wir auf querende Pisten und gehen jeweils wieder rechts. An der zweiten Kreuzung hat die Comunità Montana eine moderne Kapelle mit einer Picknickzone (872 m) aus Betonfertigteilen errichtet. Linker Hand versöhnt der herrliche Blick in die Calore-Schlucht. Dann führt die Piste zu dem Wasserspeicher oberhalb Magliano Vètere zurück, und hier schließt sich der Kreis. Auf der Teerstraße steigen wir zum Ort hinab, um auf Höhe der ersten Häuser auf die gepflasterten Treppenwege abzubiegen. Bald haben wir unseren Ausgangspunkt auf der Piazza wieder erreicht.

Mit Blick ins Calore-Tal: Der freundliche alte Herr hat Kastanien gesammelt.

8. Gole del Calore – *Paradies für Flussotter*

Der Calore bildet auf seinem Lauf von den Hängen des Monte Cervati (siehe Wanderung 11) bis ans Tyrrhenische Meer fünf Schluchten, die eindrucksvollste ist jene zwischen Felitto und Magliano. Hier leben die selten gewordenen, nachtaktiven Flussotter.

Charakter: Abschnittsweise rutschige Wege durch eine kühle Schlucht, meist Waldschatten. Leichte Kletterpassagen.

Tipps: Im Sommer erfrischt ein Bad in den Gumpen, der Calore ist auch ein Kajak-Revier (siehe Seite 68). Gut und günstig isst man in Remolino in der gleichnamigen Trattoria (siehe Seite 75).

Gehzeit: Remolino – Ponte Naturale „Pretatetta" 1/2 Std., Ponte Naturale „Pretatetta" – Badegumpen 1/2 Std. **Gesamtzeit 2 Std.**

Länge: 4–5 km.

Höhenunterschied: 60 m.

Karten: IGM „F 503 Sez. I. Felitto", 1:25.000.

Markierung: Rot-weiße Wegmarkierung.

Start: Aus Felitto in Richtung Laurino fahren und nach 1 km rechts zur Località Remolino abbiegen. Die Straße endet nach 1 km am Fluss. Hier gibt es eine kleine Trattoria, Picknicktische und im Sommer einen Info-Kiosk des WWF. Alternativ kann die Wanderung auch im Ort beginnen (siehe unten)

Der Calore hat auf seinem Lauf durch die enge Felsschlucht bizarre Formen geschaffen.

Vom Parkplatz geht es wenige Meter zum Fluss hinab, der an dieser Stelle aus der engen Schlucht in einen weiten Talgrund tritt, bevor er im Rücken des Ortes Felitto in der nächsten Schlucht verschwindet. In der Località Remolino (182 m) ist der Calore zu einem kleinen See aufgestaut. Am Stauwehr vorbei und ohne den Fluss zu überqueren – wir bleiben auf der orographisch rechten Seite – steigen wir auf dem schmalen Pfad parallel zum Fluss auf. Zeitweise entfernt sich der Pfad ein Stück weit vom Wasser. Nach etwa 30 Min. erreichen wir eine Gabelung. Nach rechts führt der Ponte Naturale „Pretatetta", eine von großen Kalkfelsblöcken gebildete Naturbrücke, auf das gegenüber liegende Ufer.

Wir bleiben auf dieser Seite des Flusses. Der Weg führt durch einen verwunschenen Steineichen- und Hainbuchenwald, zwischen Blockschutt wachsen hohe Farne. Im Herbst überzieht sich der Waldboden mit einem Blütenteppich violetter Alpenveilchen. Etwa 20 Min. nach dem Ponte Naturale „Pretatetta" gabelt sich der Pfad erneut. Hier steigen wir rechts zum Fluss hinunter, der an dieser Stelle große Becken im Fels ausgespült hat. Im erfrischend kalten Wasser kann man einige Schwimmzüge wagen. Ein toller Platz für eine Rast!

Zwar wäre es möglich, in weiteren 1 1/2 Std. den Ponte Medievale di Magliano (286 m), eine flussaufwärts gele-

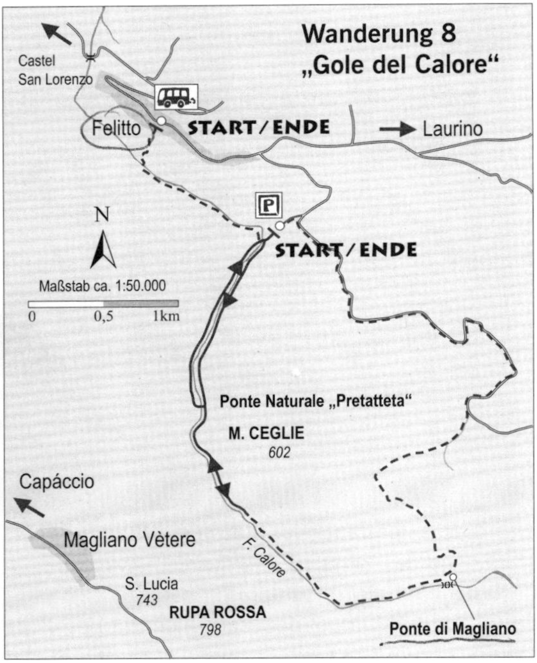

gene wunderschöne mittelalterliche Bogenbrücke, zu erreichen. Der Weg ist jedoch beschwerlich und teilweise abgerutscht. Daher kehren wir zurück in die Località Remolino. Unterwegs können wir den Ponte Naturale „Pretatetta“ überschreiten und folgen diesmal dem orographisch linken Ufer flussabwärts bis zum Wehr. Hier queren wir zurück auf das rechte Ufer und erreichen unseren Ausgangspunkt.

Es ist möglich, den Calore auch direkt von Felitto (260 m) aus zu erreichen. In diesem Fall folgen wir von der zentralen Piazza Mercato den Schildern „Gole del Calore“. Die schmale Straße wird zum Treppenpfad und steigt bis zum Fluss hinab, über den eine Brücke führt. Flussaufwärts erreichen wir in Kürze die Località Remolino (182 m).

9. Costa Palomba – *Steinkrieger in den Monti Alburni*

Seit dem 5. Jh. v. Chr. hält auf der 1.125 m hohen Costa Palomba eine in den Fels geschlagene, heute rätselhaft wirkende Figur eines Kriegers oder Schamanen Wache über das Valle del Calore, das sich im Südwesten ausbreitet. Lukaner besuchten den heiligen Ort, der auch heute nichts von seiner Ausstrahlung eingebüßt hat. Im Dialekt heißt die Figur Antece, der Vorfahre. Ein herrlicher Fleck für ein Picknick, oder auch um den Sonnenuntergang zu erleben.

Das rätselhafte Steinrelief eines Schamanen hält seit Jahrtausenden Wache über dem Calore-Tal.

Charakter: Einfache Wanderung auf Forstwegen und Pfaden.

Tipps: Das Fremdenverkehrsamt von Sant'Angelo a Fasanella organisiert Privatzimmer im Ort (Via Fermi, Tel. 0828961352, www.prolocoinsieme.it). Übernachten und gut essen kann man auch im freundlichen Agriturismo Martucci (Località Fornace, Tel. 0828961102, Fax 0828961142).

Gehzeit: 1 Std. hin und zurück.

Länge: 2 km hin und zurück.

Höhenunterschied: 100 m.

Karten: IGM „F 488 Sez. III. Sant' Arsenio", 1:25.000.

Markierung: Gelbe Pfosten.

Anfahrt/Start: Am östlichen Ortsrand von Sant'Angelo a Fasanella biegen wir von der SP 12 ab und folgen den braunen Schildern „Antece Scultura Rupestre" ca. 5,5 km bergauf. An einem unscheinbaren Holzschild „Località Antece" zweigt rechts eine Schotterstraße ab. Hier parken.

Wir folgen dem ebenen Forstweg in den Buchenwald. Nach 10 bis 15 Min. zweigt links ein pfostenmarkierter Pfad ab, der oberhalb einer runden Tränke über eine lang gezogene Lichtung bergauf führt. Wieder im Buchenwald, steigt der Pfad in Serpentinen weiter auf und tritt bei einer Felsengruppe ins Freie. In eine der verkarsteten Felsplatten ist ein mannshohes Relief geschlagen, das nach Westen in die untergehende Sonne blickt. Auf dem gleichen Weg geht es zurück.

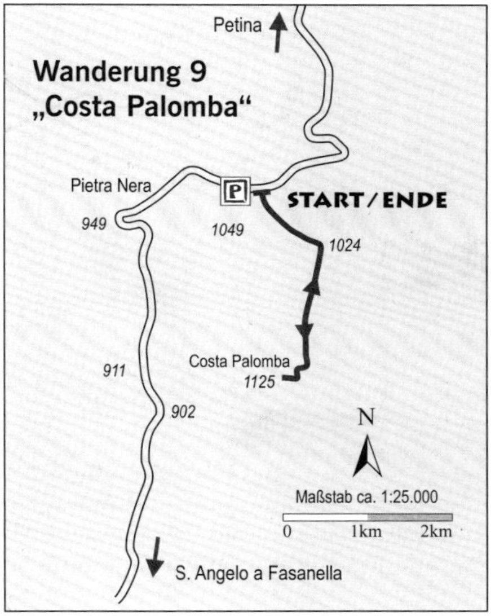

10. Grava di Vesalo – *Ein Bach verschwindet*

Der sympathische Bergort Valle dell'Angelo ist Ausgangs- und Endpunkt dieser abwechslungsreichen Rundwanderung am Oberlauf des Calore. Beeindruckende Bergpanoramen wechseln mit Wiesen und lauschigen Wäldern ab. Ein Abstecher führt zur Grava di Vesalo, einem abgrundtiefen Karstschlund.

Charakter: Abwechslungsreiche Tageswanderung auf überwiegend breiten, teils schattigen Wegen.

Tipp: Die „Locanda dell'Angelo" (c/o Bar Dei Fiori, Piazza Januzzi 2, Tel. 0974942008) in Valle dell'Angelo ist eine einfache, nette Herberge mitten im Ort. Angelo Coccaro und Giuseppe D'Amico, die ihre Gäste auch mit besten Wandertipps versorgen, führen nebenan die winzige Trattoria „La Piazzetta".

Gehzeit: Valle dell'Angelo – Cappella S. Elena 1 Std., Cappella S. Elena – Piano delle Fonti 1 1/2 Std., Abstecher Grava del Vesalo 1 1/2 Std., Piano delle Fonti – Valle dell'Angelo 1 3/4 Std., **Gesamtzeit ca. 6 Std**.

Länge: 18 km.

Höhenunterschied: 430 m.

Karten: IGM „F 504 Sez. III. Rofrano", 1:25.000. IGM „F 504 Sez. IV. Laurino", 1:25.000.

Eine alte steingepflasterte Salz-Handelsstraße begleitet den Lauf des Calore im Schatten des Waldes.

Markierung: Vereinzelt Hinweisschilder.

Start: Ortsmitte Valle dell'Angelo. Parkmöglichkeiten.

Von der Piazza Januzzi (615 m) verlassen wir, rechts an der Chiesa Madre vorbei, auf der Via Januzzi und Via Nilo den Ort in westliche Richtung. Von oben stoßen wir auf eine anfänglich gepflasterte, dann geteerte Umgehungsstraße, der wir nach rechts folgen, vorbei an einem unsensibel restaurierten Waschplatz. Rechter Hand erheben sich jenseits des Monte Pescorubino die steil aufragenden Felswände des Scanno del Tesoro. Nach ca. 25 Min. erreichen wir eine Kreuzung (593 m), auf der IGM-Karte als „Cancello" bezeichnet. Die Gehrichtung beibehaltend, setzen wir unseren Weg auf der einspurigen Schotterstraße fort, die bald mit schönem Blick auf Laurino und die scharfgratige Bergkette oberhalb Magliano (siehe Wanderung 7) abfällt. Durch idyllische Bauernlandschaft erreichen wir einen Talgrund und steigen, auf der nun geteerten Straße, wieder hoch. Unterhalb des Sportplatzes von Laurino biegen wir bei einer Gruppe von Häusern auf die querende Straße links ab. An der nächsten Gabelung folgen wir geradeaus der nun wieder geschotterten Fahrspur talwärts. Eine mittelalterliche Bogenbrücke führt über den Calore, am gegenüberliegenden Ufer liegt die Cappella S. Elena (426 m).

Von der Kapelle aus folgen wir der steingepflasterten breiten alten Salz-Handelsstraße flussaufwärts, begleitet vom Rauschen des Wassers. Das schattige Blätterdach schließt sich, nur ab und zu öffnet sich der Blick auf die pfirsichroten Kalksteinwände des Monte Pescorubino zur Linken. Heftige Regenfälle spülen stellenweise kleine Schuttkegel auf den Weg. Pfade umschreiten diese Hindernisse bergseitig. Etwa 1 Std. nach der Kapelle tritt der Weg auf eine Lichtung und schwenkt mit dem Talverlauf nach Süden. Hier folgen wir einem Seitenzufluss des Calore. Linker Hand erheben sich Monte L'Ausinito und Serra del Cigliatore, rechter Hand die Steilwände des Scanno del Tesoro. Auf einer weiteren Lichtung gabelt sich der Weg. Ein Holzschild weist links in Richtung „Monte L'Ausinito" und „Sant'Angelo", später unser Rückweg.

Vorher lohnt der Abstecher auf den Piano delle Fonti und weiter zur Grava del Vesalo. Bald öffnet sich ein weiter, quellreicher Talkessel, der Piano delle Fonti (750 m). Wir folgen der Fahrspur über den flachen Weidegrund, vorbei an einem verschlossenen Brunnen, und stoßen am

Waldrand auf eine querende Forststraße. Nach rechts geht es im Schatten hoher Buchen im Taleinschnitt sanft bergauf. Nach der Passhöhe fällt der Fahrweg leicht ab. Linker Hand liegt jenseits einer Lichtung der Schlund, in dem der Torrente Milenzio verschwindet. Achtung, nicht zu nahe an den Abgrund treten! Die überhängenden Felswände fallen senkrecht in die Tiefe. Das Naturschauspiel lässt sich gefahrlos betrachten, folgt man der Fahrspur noch ein Stück weit bergab, bis links ein bezeichneter Pfad zum Bachbett absteigt. Hier kann man dem Lauf des Wassers bis zum ersten Schluckloch folgen. Der Bach stürzt in einem kleinen Wasserfall hinein. Dahinter tut sich ein zweiter, 30 m tiefer Schlund auf, die Grava di Vesalo. Auf der Fahrspur nur ein kurzes Stück bachaufwärts, erreichen wir auf einer mit Blumen übersäten Wiese einen herrlichen Rastplatz!

Auf demselben Weg kehren wir auf den Piano delle Fonti zurück und zu der vorhin erwähnten Weggabelung. Der Weg setzt sich auf der gegenüber liegenden Talseite zwischen Bachbett und neu aufgeforstetem Hang nach links fort. Während sich seitlich der Bach eintieft, führt der Pfad (nicht immer eindeutig) unter Haselnussbüschen. Nach etwa 10 Min. weitet sich das Tal, linker Hand tauchen die Steilhänge des Scanno del Tesoro auf und vorne der Monte Pescorubino. Wo ein verwilderter Walnusshain ein verfallenes Steinhaus umgibt, beginnt der deutliche Weg in langgezogenen Stufen anzusteigen. Lockere Eichenwäldchen wechseln sich mit Ginster- und Felsfluren ab. Der Weg führt um einen Felssporn, und hier öffnet sich ein weites Panorama. Felsplatten laden zur Rast ein. Dann geht es bergab, teilweise über groben Blockschutt im Hainbuchenwald. Unterwegs zweigt bergseitig der Stichweg zur Grotta dell'Angelo ab. Auf steilen Serpentinen kann man in 40 Min. das Grottenheiligtum des Erzengels Michael erreichen.

Wir folgen dem breiten Pilgerweg in weiten Kurven bergab. Erst taucht Valle dell'Angelo auf, dann Piaggine. Wir treffen von oben auf eine querende Straße, der wir nach links in den Ort zurück folgen. Die kleine Betonbrücke birgt im Kern eine mittelalterliche Bogenbrücke. Auf der Via Nilo rechts hoch, erreichen wir mit wenigen Schritten die Ortsmitte von Valle dell'Angelo.

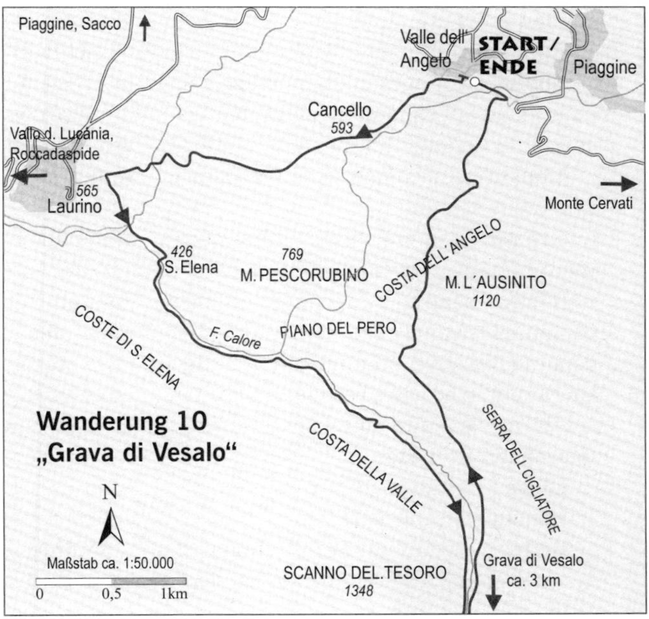

11. Monte Cervati – *Höchstes Gipfelglück*

Aus allen Himmelsrichtungen erreichen Pilgerwege das Marienheiligtum Madonna della Neve auf dem Monte Cervati, mit 1899 m der höchste Gipfel des Cilento. Die schönste Route führt durch ausgedehnte Buchenwälder, über Almweiden und vorbei an eindrucksvollen Karstformationen von Piaggine heran.

Im Sommer weiden Rinder auf den Hochalmen des Cervati-Massivs.

Charakter: Tagesrundwanderung auf meist breiten, größtenteils markierten Wegen. Brunnen unterwegs.

Tipps: Übernachtung siehe Wanderung 10.

Gehzeit: Start – Fontana di Cacciocavallo 1/2 Std., Fontana di Cacciocavallo – Rifugio Cervati 1 1/2 Std., Rifugio Cervati – Madonna della Neve 1 Std., Madonna della Neve – La Nevera 1/2 Std., La Nevera – Località Festule 1 Std., Località Festule – Ausgangspunkt 1/2 Std., **Gesamtzeit 5–6 Std**.

Länge: 15 km.

Höhenunterschied: 760 m.

Karten: IGM „F 504 Sez. III. Rofrano", 1:25.000. IGM „F 504 Sez. IV. Laurino", 1:25.000.

Markierung: Rot-weiße Wegmarkierungen.

Anfahrt/Start: Von Piaggine aus mit dem Auto, den Schildern „Monte Cervati" folgend, auf der SP 388 aus dem Ort. Nach knapp 7 km auf die südlich abzweigende Schotterstraße abbiegen, geradeaus setzt sich die Straße Richtung Rofrano fort. Nach 700 m an der Gabelung links auf der betonierten Piste weiter – ein kleiner Umweg, aber besser zu fahren. An der nächsten Gabelung auf der betonierten Piste rechts, die zurück auf die Schotterpiste führt, die sich links in Richtung Rifugio Cervati fortsetzt. Hier auf einer kleinen Wiese im Schatten von Erlen und Buchen parken.

Die rot-weiß markierte Schotterpiste steigt im lockeren Erlen- und Buchenwald gleichmäßig an. Nach ca. 25 Min. führt links ein Abzweig auf eine große Lichtung mit betonierter Tränke und lauschigem Picknickplatz. An der Fontana di Cacciocavallo (Trinkwasser!) herrscht im Sommer Almbetrieb. Am Grillplatz vorbei, führt ein kurzer Abschneider durch den Wald zurück auf die Schotterpiste. Wir kommen durch eine Schranke. Ca. 10 Min. später zweigt rechter Hand eine Piste ab. Wir biegen erst kurz darauf in der Kurve auf die zweite, rot-weiß markierte Piste rechts ab (geradeaus setzt sich die Fortsstraße zum Piano degli Zingari fort). Im Buchenwald sanft bergauf, erreichen wir das renovierte Steingebäude des Rifugio Cervati (1.597 m) auf einer großen Weidefläche.

Wir folgen der Fahrspur über die Weide bergauf, das Cervati-Massiv zur Rechten. Am rechten oberen Ende der Lichtung

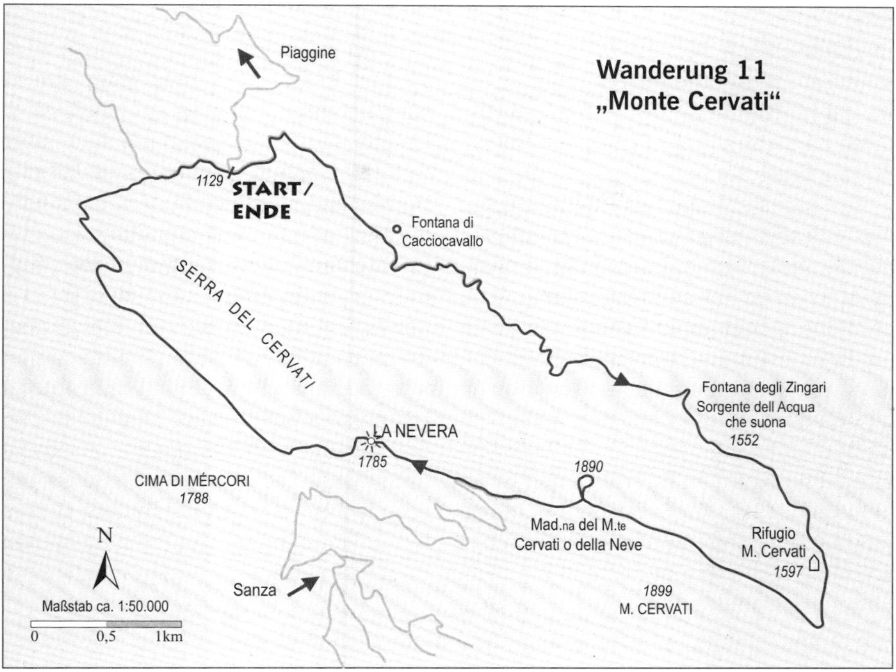

führt der markierte Weg zurück in den Buchenwald und setzt sich, deutlich als Pilgerweg zu erkennen, über eine langgezogene Lichtung fort. Der Pfad schwenkt nach rechts, zieht sich schräg den Hang hinauf und tritt ins Freie. Mit tollen Bergblicken erreichen wir einen Grat. Vor uns öffnet sich eine riesige Doline, der Monte Cervati (1899 m) erhebt sich zur Linken. Immer am nördlichen Dolinenrand entlang, führt der annähernd eben verlaufende Pfad in gerader Linie auf das Santuario zu. Im Rücken der Wallfahrtskirche breitet sich eine zauberhafte Wiese aus, im Frühsommer ein Blütenmeer und daher Giardino della Madonna (Garten der Madonna) genannt – ein tolles Plätzchen für die Rast! Hier lohnt der kurze Rundweg zur Grotta della Madonna. Die Blicke sind atemberaubend, aber man sollte schwindelfrei sein!

Die Nevera ist eine tiefe Karstspalte, in der der Schnee über den Sommer liegen bleibt.

Zurück am Santuario, folgen wir der breiten Schotterstraße Richtung Sanza bergab (im ersten Abschnitt steingepflastert). Vor uns die Gipfel des Monte Bulgherìa (siehe Wanderung 20), Monte Scuro, Monte Gelbison (siehe Wanderung 12) und Monte Stella (siehe Wanderung 5). Nach ca. 20 Min. beschreibt die

Schotterpiste eine scharfe Linkskurve. Die Gehrichtung beibehaltend, auf dem schmalen, rot-weiß markierten Pfad weiter, der zur Nevera (1.785 m) führt, einem tiefen Karstspalt, in dem bis in den Herbst Schnee liegen bleibt.

Der nächste Wegabschnitt erfordert etwas Orientierungsgeschick! Zunächst folgen wir weiterhin der Gratlinie, wildromatisch zwischen Felsen und Buchen. Nach ca. 10 Min. biegen wir in einer Linkskurve, der bald darauf eine Rechtskurve folgt, auf einen rot-weiß bezeichneten alten Weg in den Wald ab. Die Serpentinen führen in ca. 15 Min. auf die Lichtung in der Talmulde (1.546 m) zwischen La Nevera und Cima di Mércori hinab. Wir folgen dem Hohlweg (im Frühjahr Schmelzwasser!) nach rechts zurück in Richtung Piaggine und kommen über eine Lichtung mit Kreuz. Der Weg führt in den Wald zurück und verbreitet sich zur Schotterstraße. Wo diese eine scharfe Rechtskurve beschreibt, zweigt links ein markierter Weg auf die Cima di Mércuri ab. Die Schotterpiste führt über eine Lichtung mit Viehtränke, die Località Festule. Nach weiteren 10 Min. beschreibt die Piste eine S-Kurve und führt, an einer Eisenschranke vorbei, zurück in den Wald. Rechter Hand öffnet sich der Blick ins Calore-Tal. Hier steigen wir rechts über die offenen Weideflächen im terrassierten, ehemals landwirtschaftlich genutzten Hang zu der aus Piaggine heranführenden Schotterstraße ab und halten uns dabei nach rechts. Der Schotterstraße folgen wir nach rechts, vorbei an der Fontana Festule mit S. Pio-Kapelle, zurück zu unserem Ausgangspunkt.

12. Monte Gelbison – *Heiliger Berg*

Von Novi Velia führt ein alter Pilgerweg zum Santuario della Madonna del Sacro Monte auf den Gipfel des 1.705 m hohen Monte Gelbison. Gelegentlich trifft man unterwegs Pilger, die zum Teil barfuß bis zum Heiligtum aufsteigen, die meisten fahren jedoch auf der kurvenreichen Straße mit dem Auto hoch. Am letzten Mai-Sonntag und am zweiten Sonntag im Oktober bewegen sich allerdings ganze Menschenströme zu Fuß auf den heiligen Berg.

Charakter: Steiler Anstieg auf breiten Wegen durch schattige Wälder, auf demselben Weg zurück.

Gehzeit: Aufstieg 2 Std., Abstieg 1 Std. 30 Min.

Länge: 10 km (hin und zurück).

Höhenunterschied: 800 m.

Karten: IGM „F 503 Sez. I. Vallo della

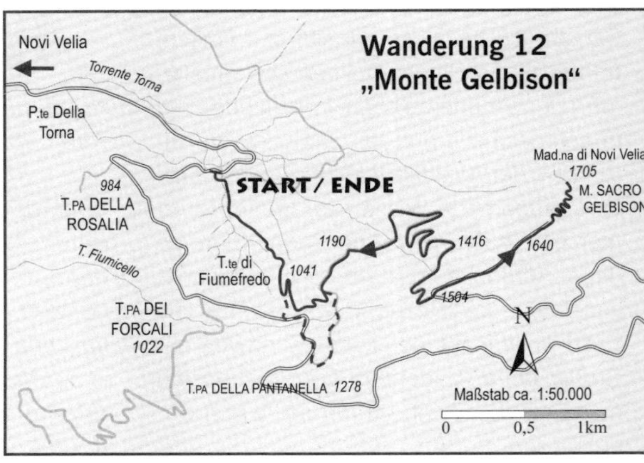

Lucania", 1:25.000. IGM „F 504 Sez. III. Rofrano", 1:25.000.

Markierung: Devotionalien markieren den deutlichen Weg.

Start: Die Straße von Novi Velia in Richtung Monte Gelbison führt durch das liebliche Torna-Tal. Am frisch murmelnden Bach stehen Picknicktische. Hier kann man das Auto am Straßenrand abstellen.

Am Ufer der Torna finden sich lauschige Picknickplätzchen.

Kurz nach der Stelle, wo die Straße vom Bach nach rechts schwenkt, beginnt bergseitig der in breiten Stufen angelegte, steingepflasterte Pilgerweg. Der Aufstieg führt durch schattigen Erlen-, Kastanien- und Buchenwald, vorbei am erfrischenden Brunnen Fontana di Fiumefreddo. Der Weg mündet in eine breite Piste, die nach einigen Spitzkehren wieder auf die Straße trifft, die aus Novi Velia zum Santuario hoch führt. Wir folgen ihr den letzten Kilometer bis auf eine Lichtung. Hier am Croce di Rofrano treffen zwei Pilgerwege zusammen, der eine aus Novi Velia, von den Gläubigen aus dem küstennahen Cilento benutzt, der andere aus Rofrano, dessen Einzugsgebiet das bergige Hinterland ist. Ein Treppenweg führt zum Belvedere am Santuario hoch. Das Panorama umfasst die Monti Alburni, das Cervati-Massiv (siehe Wanderung 11) und in der Ferne das Sirino-Massiv in der Basilikata und in Kalabrien die Gipfel des Pollino. Auf der anderen Seite sehen wir auf das Capo Palinuro hinab (siehe Wanderung 15).

Am Croce di Rofrano begegnen sich zwei Pilgerwege. Steine, die von Gläubigen als Votivgabe herauf getragen werden, bilden inzwischen einen kleinen Berg.

Hungrig nach der Wanderung? In der Gegend servieren die Lokale köstliche Pilzgerichte.

13. Vélia – *Wettlauf mit Philosophen*

Die Ausgrabung des antiken Elea (Velia) ist eine der UNESCO-Weltkulturerbestätten. Weniger der Ruinen wegen, die in Paestum bedeutsamer und eindrucksvoller sind, sondern weil hier vor 2.500 Jahren Gedanken gedacht wurden, die zur Grundlage der Moderne zählen. Um die Lehre seines Lehrers Parmenides zu verteidigen, erfand Zenon z. B. die Paradoxa – Beweise, die sich gegen („para“) die im Volk verbreiteten Meinungen („doxa“) richteten. Berühmt ist das Paradoxon vom Wettlauf zwischen Achilles und der Schildkröte, aber das ist eine andere Geschichte. Nach Velia verirren sich nur selten Touristenbusse – und was wenige wissen: Innerhalb der archäologischen Zone kann man herrlich wandern.

Charakter: Leichte Streckenwanderung mit weiten Landschaftsblicken.

Gehzeit: Hin und zurück 1–2 Std.

Länge: 3 km.

Höhenunterschied: 110 m.

Karten: IGM „F 519 Sez IV. Casal Velino“, 1: 25.000. Info-Blatt an der Kasse.

Markierung: Tafeln mit archäologischen Erläuterungen im Gelände.

Start: Velia–Marina di Ascea liegt an der Küstenstraße SS 447 und ist auch per Bus oder Bahn zu erreichen. Scavi di Velia, tägl. 9 Uhr bis 1 Std. vor Sonnenuntergang, Tel. 0974972396. Eintritt 2 Euro, ermäßigt 1 Euro.

In Vélia läßt sich Ruinenromatik auf einem Spaziergang erleben.

Vom Eingang gelangt man vorbei an einem römischen Wohnviertel in Nähe des ursprünglichen Hafens und einem imposanten Thermenkomplex auf steingepflasterter Straße, die sich in einem Taleinschnitt vorbei an dem in Hangstufen angelegten Äskulap-Heiligtum hoch zieht, zur Porta Rosa. Durchschreitet man die Bogenkonstruktion, blickt man über das Alento-Tal auf den Monte Stella (siehe Wanderung 5). In der Antike ermöglichte eine Signalstation auf dem 1.130 m hohen Berg die Telekommunikation zwischen Paestum und Velia.

Auf der Pflasterstraße ein Stück zurück biegen wir rechts zur Akropolis ab. Der imposante mittelalterliche Wachtturm wurde aus den Steinen eines antiken Tempels errichtet.

Von hier genießt man einen weiten Blick über das Meer. Die eigentliche „Wanderung“ folgt dem Verlauf der antiken Stadtmauer über den Höhenrücken ins Landesinnere. Dabei überschreiten wir die Porta Rosa. Vorbei an den Grundmauern weiterer Heiligtümer erreichen wir einen gut erhaltenen Festungsturm aus hellenistischer Zeit, den Castelluccio. Der Blick reicht von den Monti Alburni bis zum Monte Gelbison (siehe Wanderung 12). Auf demselben Weg kehren wir zurück.

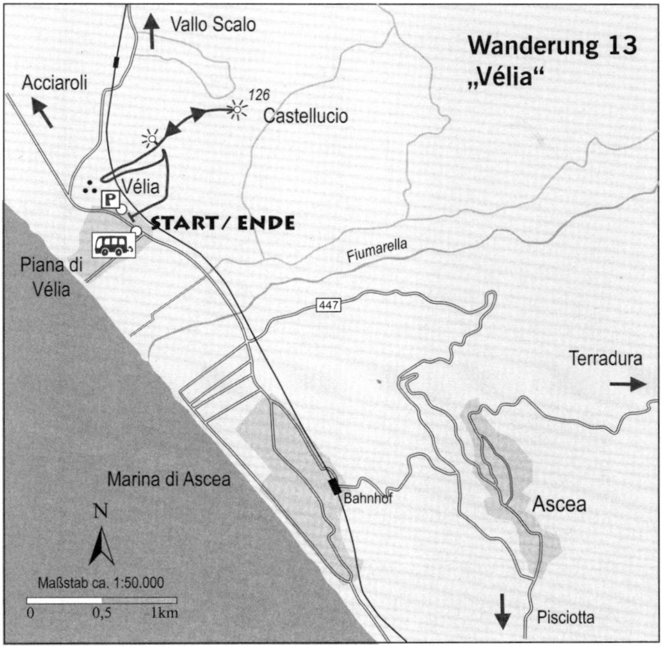

14. Castelluccio – *Der Hausberg von Pisciotta*

Schöne Ausblicke und schattige Wälder wechseln sich auf dieser geruhsamen Rundwanderung ab. Vom 701 m hohen Gipfel des Castelluccio genießen wir einen 360°-Blick.

Charakter: Mittelschwere Wanderung auf Wald- und alten Wirtschaftswegen. Der Anstieg am Vormittag führt in der Sonne!

Tipp: Im „Tre Gufi“ (siehe „Essen und Trinken“) lässt sich der Hunger nach der Wanderung stillen. Der Wirt versorgt seine Gäste auch mit guten Wandertipps!

Gehzeit: 4 Std.

Länge: 8,5 km.

Höhenunterschied: 530 m.

Karten: IGM „F 520 Sez. III. Camerota“, 1: 25.000.

Markierung: Hinweisschilder.

Start: Piazza Raffaele Pinto, Pisciotta.

Variante: Unterwegs kann man sich für den Abstecher in den Nachbarort Ródio entschließen, im 13. Jh. als Kommende der Johanniter von Rhodos (der späteren Malteserritter) gegründet. In den wasserreichen Hügeln waren früher zahlreiche Ölmühlen in Betrieb. Im letzten Abschnitt folgt man der kaum befahrenen Asphaltstraße.

Aus der Ortsmitte von Pisciotta (170 m) geht es, vorbei an der Bar Murat, auf der steilen Treppengasse Vicolo Tuvolo

Das hübsche Pisciotta ist Anfangs- und Endpunkt schöner Wanderungen.

bergauf. Nach Überquerung der Asphaltstraße im Weiler Valle setzt sich der Weg, nach kurzem betoniertem Abschnitt, als breiter Treppenweg bis zur Ruine der Cappella di S. Bernardo fort (auf der IGM-Karte „Belardino"). Unterwegs Gemüsegärten, Oliven- und Zitrushaine. Von der Kapellen-Kreuzung (470 m) geht es auf schmalem Pfad in westliche Richtung durch hohen Macchiawald über den Bergkamm weiter bergauf. (Der Weg Richtung Ródio setzt sich nach Norden

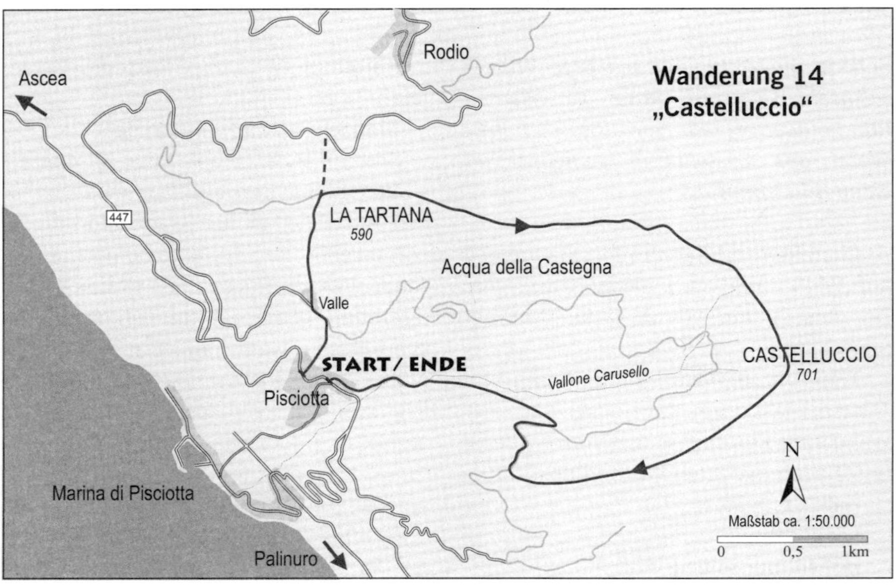

fort und stößt bald darauf auf die Straße.) Unterwegs öffnen sich Lichtungen mit schönen Landschaftsblicken. Einen Rundumblick bietet schließlich der Gipfel mit den Resten eines Kastells. Nach Süden führt anschließend ein breiter Wirtschaftsweg durch den Wald wieder bergab, schwenkt nach Westen und erreicht die Località Zillo mit Wein-, Obst- und Gemüsegärten. Ab hier führt ein schmaler Pfad durch das Tal des Carusello, vorbei an einer alten Mühle, in den Ort zurück, den wir auf Höhe der Bar „Frantoio" erreichen.

15. Capo Palinuro – *Weiter Horizont*

Am Capo Palinuro läuft die Cilento-Küste zur Hochform auf. Die senkrecht aus dem Meer aufsteigenden Kalkfelsen dienten bereits frühen Seefahrern zur Orientierung, flößten ihnen aber auch Angst ein. In der Änäis schildert Vergil den Tod des Steuermannes Palinuros. Vom Hochplateau bietet sich ein herrlicher Rundblick. Von Februar bis März blüht auf schattigen Felsen in Meeresnähe die Palinuro-Primel (Primula palinuri), endemisches Glazialrelikt und Emblem des Nationalparks.

Am Capo Palinuro läuft die Cilento-Küste zur Hochform auf.

Charakter: Spaziergänge mit Fernblick.

Tipp: Die Hauptattraktion des Capo Palinuro sind die zahlreichen Karstgrotten, die nur vom Meer her mit dem Boot zu erreichen sind; eine weitere faszinierende Welt öffnet sich unter Wasser (siehe Kapitel „Am Meer").

Gehzeit: 1–2 Std.

Höhenunterschied: 200 m.

Karte: IGM „F 519 Sez. II. Capo Palinuro", 1: 25.000.

Markierung: Die Nationalparkverwaltung plant, neue Wege anzulegen.

Start: in der Nähe des Hafens von Palinuro.

Variante: Auch der 140 m hohe Molpa-Hügel, zwischen Fiume Lambro und Mingardo im Osten des Kaps gelegen, lädt mit den Ruinen eines Anjou-Kastells zur Erkundung ein. Der Weg beginnt auf Höhe des Agriturismo „Isca delle Donne" (siehe „Essen und Trinken"). Besonders schön ist der nahe Strand am Arco Naturale.

Ein kurzer schöner Aufstieg führt vom Ende der Hafenstraße zur Torre della Quaglia, direkt oberhalb der Grotta Azzura, hoch. Ein etwas längerer bezeichneter Anstieg beginnt auf Höhe des Hotels „La

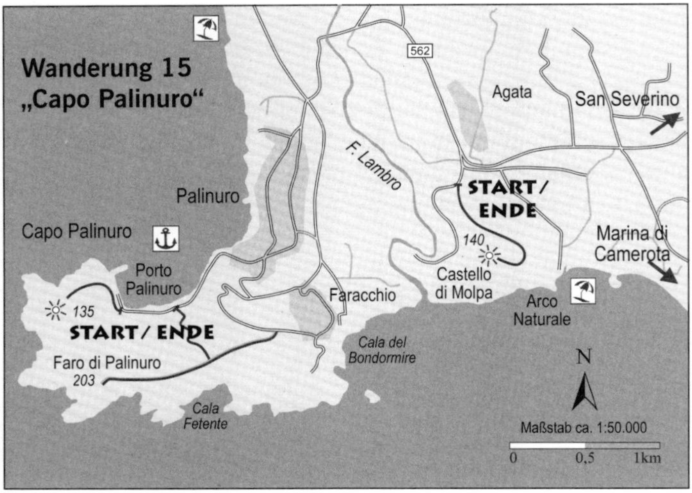

Torre". Er führt durch einen Pinienhain hoch und soll bis zum Faro (Leuchtturm) verlängert werden. Der Faro ist von der Ringstraße, an der auch das „King's Hotel" liegt, auch auf einer anfänglich asphaltierten Stichstraße zu erreichen. Die alten Hirtenpfade auf dem Hochplateau sind inzwischen längst alle verwachsen.

16. San Severino di Centola – *Eine Geisterstadt*

Das alte San Severino di Centola, bis Mitte des 19. Jh. noch San Severino di Camerota, erhebt sich auf einem Felsgrat über der Mingardo-Schlucht und dem modernen Ort gleichen Namens. Im 16. Jh. konnte unter spanischer Herrschaft vermeldet werden: „muros buenos y castillo fuerte al pié de la tierra en una rocca." Die Festung hielt eine Schlüsselposition zur Kontrolle des Territoriums. Es bestanden Sichtverbindungen zu anderen Burgen und Küstenwachttürmen. Was früher von strategischer Bedeutung war, genießen wir heute als Belvedere.

In San Severino di Centola kann man Fantasie und Blicke schweifen lassen.

Von der Verbindungsstraße San Severino–Foria (siehe Radtouren 5, 6, 8, 9) führt ein bestens angelegter Weg in wenigen Minuten zu den Ruinen der Stadt, die Mitte des 20. Jh. von ihren Einwohnern verlassen wurde und um deren Erhalt man sich heute mit neu erwachter Sensibilität bemüht. In den ehemaligen Baronalspalast soll ein Centro Turistico-Ambientale einziehen. Der ca. 1-stündige Ausflug macht auch Kindern großen Spaß. Bitte beim Herumklettern zwischen den Ruinen aufpassen und nicht zu nahe an die Geländekante treten!

17. Camerota – S. Cono – *Höhenweg über dem Meer*

Der alte Verbindungsweg, der von Camerota vorbei an der Cappella S. Antonio und dem verfallenen lazzo S. Cono bis an die Mingardo-Mündung südlich des Arco Naturale ans Meer führt, ist als Wanderweg neu angelegt.

Charakter: Die aussichtsreiche, Kurze-Hosen-Tour endet an einem tollen Badestrand. Breite Wege ohne Orientierungsschwierigkeiten.

Tipp: Die Tour läßt sich als Strandwanderung verlängern (siehe unten).

Gehzeit: Camerota – Cappella S. Antonio 3/4 Std., Cappella S. Antonio – lazzo S. Cono 3/4 Std., lazzo S. Cono – Mingardo 1 Std., **Gesamtzeit ca. 2 1/2 Std.** (einfach).

Länge: 9 km.

Höhenunterschied: 110 m Aufstieg, 430 m Abstieg.

Karten: IGM „F 519 Sez. II. Capo Palinuro", 1:25.000. IGM „F 520 Sez. III. Camerota", 1:25.000.

Markierung: Keine.

Start: Linienbusse von Marina di Camerota nach Camerota.

Aus Camerota (324 m) einige 100 m zurück auf der Straße Richtung Marina di Camerota und über die Brücke. Nicht auf dem privaten Weg unmittelbar nach der

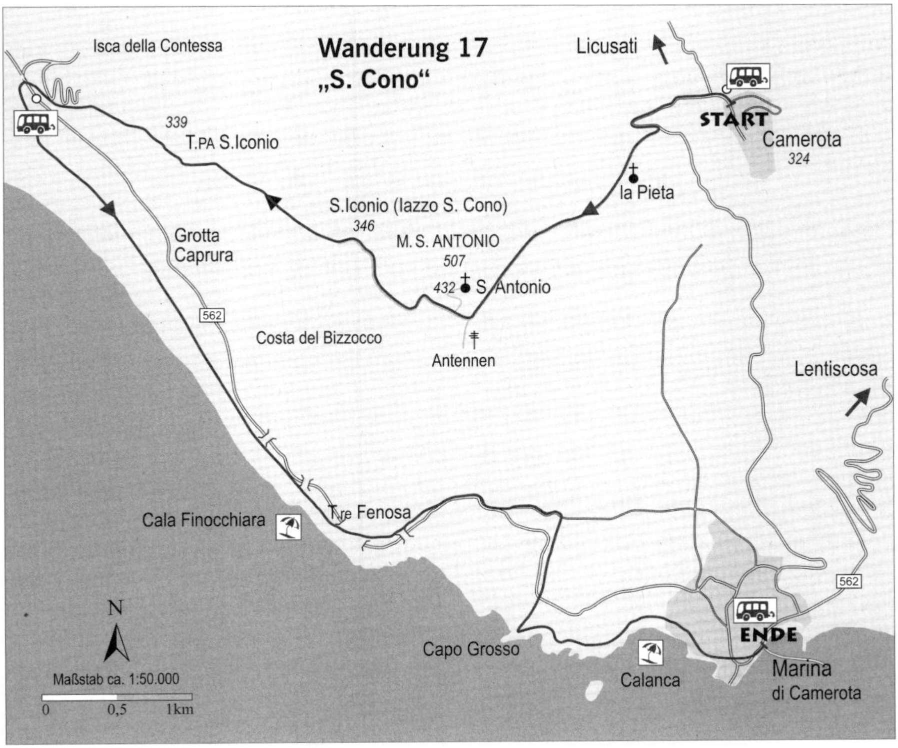

Eine uralte Handelsstraße erlebt ihre Wiedergeburt als Wanderweg.

Brücke rechts aufsteigen, sondern auf dem alten steingepflasterten Maultierpfad ca. 100 Schritte danach. Durch ein Eichenwäldchen bergauf und auf der querenden Straße rechts weiter hoch. Die Cappella la Pietà lädt mit Blick auf Camerota und den Monte Bulgherìa (siehe Wanderung 20) zur ersten Rast ein.

Geradeaus auf der Schotterstraße weiter, die, von Trockensteinmauern und Hecken gesäumt, auf die Antennenanlage über der Küste zuhält. An der Y-Gabelung rechts und immer der breiteren Fahrspur folgen. Während die betonierte Piste an der verkarsteten Ostflanke des Monte S. Antonio ansteigt, sehen wir im Osten Lentiscosa und vor uns Marina di Camerota, die Spiaggia di Lentiscelle und den Monte di Luna (siehe Wanderung 18). Vor den Antennen schwenkt die Piste nach rechts. Hier führt ein kurzer Stichweg zur Cappella S. Antonio (432 m) hoch, deren Lage – obwohl sie von Antennen und Strommasten umgeben ist – malerisch ist.

Wir folgen der leicht abfallenden Fahrspur Richtung Westen und wählen an der nächsten Gabelung den linken, unteren Weg. Nach dem Taleinschnitt geht es auf breiter Piste in leichtem Auf und Ab weiter. Mit Blick auf das Capo Palinuro erreichen wir den Iazzo S. Cono (344 m) – auf Militärkarten als S. Iconio bezeichnet –, eine verfallene Meierei mit Schafpferch. Bei den strauchförmigen Schmetterlingsblütlern am Teich handelt es sich übrigens um Glycyrhizza glabra, deren „Süßholzwurzeln" das Lakritz liefern!

Unterhalb des Iazzo führt der steingepflasterte alte Wirtschaftsweg in langen Stufen zwischen verfallenen Steinmauern Richtung Capo Palinuro hinab. In den aufgelassenen Olivenhainen ist die Macchia wieder auf dem Vormarsch, z. T. sind Kiefern aufgeforstet. Der Weg quert unter der Hochspannungsleitung und folgt im Halbschatten der Kiefern dem Grat bergab. Eine Holzbank lädt unterwegs zur Panorama-Rast ein. Zurück im Kieferschatten, führt der Weg sanft bergab, um auf Höhe einer Picknickzone auf den dem Meer zugewandten Hang zu schwenken und jetzt rascher abzusteigen. Ein kurzes Stück östlich des Fiume Mingardo treffen wir auf die SS 562. Jenseits der Straße folgen wir dem Schild „Camping Mingardo" und erreichen den kilometerlangen Sand- und Kiesstrand.

Zurück nach Marina di Camerota geht es mit dem Linienbus, per Anhalter oder zu Fuß (8,5 km, ca. 2 Std.). Über den breiten Dünenstrand und abschnittsweise auf der Straße durch die Tunnel erreichen wir die Cala Finocchiara. Vor dem Eingang zur Galleria Mingardo (der dritte Tunnel) steigt ein steiler, undeutlicher Ziegenpfad zur Torre Fenosa (74 m) auf, die sich mit herrlichem Blick unterhalb der Antennen von S. Antonio erhebt. Richtung Marina di Camerota setzt sich ein schmaler Pfad fort, verbreitert sich zur Fahrspur und stößt von oben auf die SS 562, der wir 1,3 km bis auf Höhe des „Villaggio La Barca" folgen. Unmittelbar nach einer Brücke biegen wir rechts in die schmale Teerstraße, die vorbei am Feriendorf bis ans Capo Grosso zurück an die Küste führt. Auf küstenparallelem Weg erreichen wir die schöne Spiaggia della Calanga (Sandstrand Calanca) im Westen von Marina di Camerota.

18. Porto degli Infreschi – *Erfrischende Paradiesbucht*

Östlich von Marina di Camerota erstreckt sich einer der wildesten Küstenabschnitte des Parco del Cilento. Der Porto degli Infreschi, ein kristallklarer Naturhafen am Golfo di Policastro, verdankt Kaltwasseraustritten seinen Namen. Früher nutzten Fischer die kühlen Grotten, um ihren Tagesfang frisch zu halten.

Charakter: Kurze-Hosen-Wanderung durch duftende Macchia auf meist guten Pfaden, Schotterpisten. Kurze Abschnitte auf kaum befahrener Teerstraße. Zahlreiche Badegelegenheiten unterwegs, kaum Schatten.

Tipps: In Marina di Camerota die Rückfahrt mit dem Boot von Porto degli Infreschi organisieren (siehe „Am Meer"). Trinkwasser, Picknick und Badesachen einpacken. Im Sommer öffnen ein nettes Strandlokal an der Spiaggia Pozzalo und ein wildromantisches Restaurant direkt am Porto degli Infreschi.

Gehzeit: Lentiscelle – Pozzalo 50 Min., Pozzalo – Porto degli Infreschi 1 Std., Porto degli Infreschi – Lentiscelle 1 1/2 Std., **Gesamtzeit ca. 3 1/2 Std** hin und zurück.

Länge: 12 km (hin und zurück).

Höhenunterschied: 140 m.

Karten: IGM „F 520 Sez. III. Camerota", 1:25.000.

Markierung: Blau-gelbe Sprühzeichen.

Start: Von Marina di Camerota geht oder fährt man das kurze Stück bis zur östlich gelegenen Spiaggia Lentiscelle (Sandstrand). Parkplatz am Friedhof.

Von der Spiaggia Lentiscelle aus führt, vorbei am Camping „Romano" und links von der Grotta di Lentiscelle (Schiffsrumpf im Inneren), im Taleinschnitt ein Treppenweg hoch. Oben angekommen, stoßen wir

Der Porto degli Infreschi ist ein kristallklarer Naturhafen am Golf von Policastro.

auf eine querende Schotterstraße, der wir 20 m nach links folgen. Auf der schmalen Teerstraße (= Via Monte di Luna) geht es rechts weiter bergauf. Oberhalb der Cala Fortuna knickt die Straße links ab und führt weiter ansteigend ins Landesinnere. An der T-Kreuzung biegen wir von der geteerten Straße rechts auf eine Schotterpiste, die sich im Rücken des Monte di Luna küstenparallel fortsetzt und geradeaus über eine X-Kreuzung führt, dabei die Torre Cala Bianca im Blick. Weinanbau ist hier weitgehend aufgegeben worden und die Macchia ist wieder auf dem Vormarsch. Jenseits des tief eingeschnittenen Vallone Valamonte erhebt sich im Landesinneren die Serra degli Infreschi.

Wir folgen der Schotterstraße geradeaus über eine Y-Kreuzung. In Serpentinen, die sich bald verschmälern, geht es ins Tal (auf der gegenüber liegenden Talseite ist die Fortsetzung des Weges als Pfad zu erkennen). Kurz oberhalb des Talbodens zweigt rechter Hand der kurze Stichweg zur „Bar-Ristoro Pozzalo“ und zum gleichnamigen, schönen Strand ab.

Zurück von der Spiaggia Pozzallo, queren wir das im Sommer trockene Bachbett. Im Schatten hoher Macchia steigt der Pfad zunächst an, führt von einer Anhöhe wieder leicht bergab und tritt ins offene Gelände (roter Kalkverwitterungsboden). Hier ist etwas Orientierungsgeschick gefragt. Die Gehrichtung beibehaltend, bleiben wir auf dem küstenparallelen Hauptpfad, der kurz

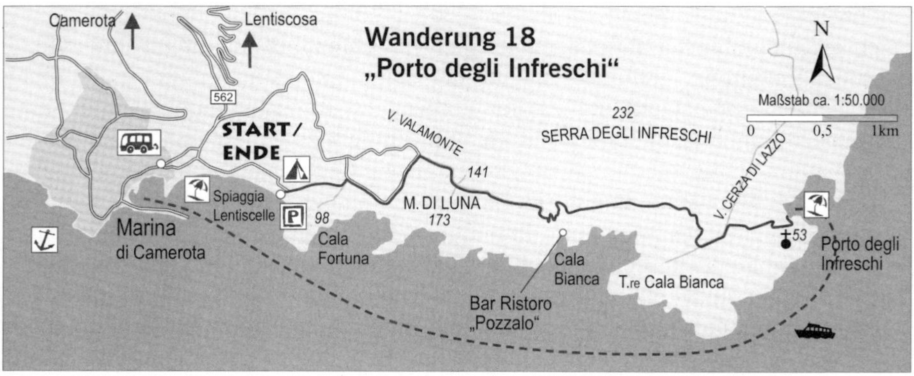

hinter einer betonierten Tränke auf das trockene Bachbett des Vallone Cerza di Lazzo trifft. Jenseits des Bachbetts steigt der markierte Pfad im Schatten von Flaumeichen den Gegenhang hoch, tritt anschließend aus dem Wäldchen und führt rechts an der Ruine eines Bauernhauses vorbei. Im Landesinneren erhebt sich auffällig die Pyramide des Monte Vaccuta. Vorbei an weiteren Bauernhäusern, die zu bescheidenen Feriendomizilen umgebaut sind, führt der Pfad den Hang weiter hoch, bis er auf eine eben verlaufende Schotterpiste trifft. Dieser folgen wir nach links und kurz danach an der Gabelung weiter geradeaus auf die Berge zu. Rechter Hand öffnet sich ein grandioser Blick auf den Golfo di Policastro. Nach weiteren 50 m zweigt rechts der Pfad ab, der, vorbei an dem kleinen Seefahrerkirchlein S. Lorenzo, zum Porto degli Infreschi mit kleiner Badebucht absteigt.

Eine Rückfahrt mit dem Boot nach Marina di Camerota (siehe oben) entlang der spektakulären Steilküste rundet das großartige Landschaftserlebnis ab.

19. Vallone del Marcellino – *Das wilde Tal*

Der Vallone del Marcellino ist eine wildromatische Talschlucht mit herrlicher Vegetation. Nach starken Regenfällen füllen sich die Gumpen mit Wasser. In den steilen Felsklippen nisten Falken. Am Ende der Wanderung wartet ein einsamer Kiesstrand am Golf von Policastro.

Charakter: Mittelschwere Streckenwanderung. Breite Pisten und Pfade, die etwas verwachsen sein können.

Tipp: Am schönsten ist es, sich am Strand mit dem Boot abholen zu lassen. Salvatore Calicchio, der auf Wunsch die Wanderung naturkundlich begleitet, organisiert zusammen mit Gerardo Balbi die Rückfahrt mit dem Boot (siehe Einführung zum Kapitel „Wanderungen" und „Bootsausflüge").

Gehzeit: S. Giovanni – Ciolandrea 30 Min., Ciolandrea – Timpa del Piombo 1 Std.; Timpa del Piombo – Spiaggia del Marcellino 1 Std., **Gesamtzeit 2 Std. 30 Min. – 3 Std.** (einfach).

Länge: 8,5 km (einfach).

Höhenunterschied: 519 m.

Karten: IGM „F 520 Sez. III. Camerota", 1: 25.000.

Markierung: Rote Sprühpunkte unterwegs.

Start: Westlicher Ortsrand von S. Giovanni a Piro. Linienbusse aus Marina di Camerota.

Variante: Ein kürzerer Weg durch den Vallone erfordert höhere Trittsicherheit und größeres Orientierungsgeschick (2 Std. 30 Min.–3 Std.; 5 km; 461 m). Der Einstieg liegt in einer scharfen Linkskurve der SS 562 kurz vor dem km 21. Eine Schotterpiste führt im Rücken eines Baumaterialdepots nach Osten. Nach ca. 1 km biegen wir an einem Abzweig links ab und kommen an Obsthainen vorbei. Kurz hinter einem Ziegenpferch folgen wir dem Pfad links durch ein dichtes Steineichenwäldchen am Rand eines Taleinschnittes (nach rechts steigt ein weiterer Pfad bis auf die Spitze der 575 m hohen Vaccuta). Wieder aus dem Wald heraus folgt der rasche Abstieg ins Vallone del Marcellino. Wir queren den Talgrund und setzen den Abstieg auf der orographisch linken Seite des sich

Belvedere Ciolandrea: Die Buchten an der Costa Masseta lassen sich nur zu Fuß oder mit Boot erreichen.

nun immer tiefer einschneidenden Tales fort. Auf diesem schmalen Wegabschnitt muss man etwas acht geben! Kleine Wäldchen und Grasflächen wechseln sich ab. Im letzten Abschnitt folgen wir dem Talgrund bis zum Strand.

Aus dem Ort folgen wir der asphaltierten Straße in Richtung Santuario di Pietra Santa ca. 1,5 km bis zum Belvedere auf der Hochfläche von Ciolandrea. Den Monte Bulghería (siehe Wanderung 20) im Rücken und die wilde Steilküste zu Füßen, spannt sich das atemberaubende Panorama über den Golf von Policastro, dahinter erhebt sich majestätisch der lukanisch-kalabrische Apennin.

Eine breite Piste setzt sich fort nach Süden in die Località Cerrito. Unterwegs kommen wir an Weinbergen, Olivenhainen, Stein- und Zerreichenwäldern vorbei. Alte Gehöfte, Pferche und Dreschplätze zeigen an, dass auch diese Gegend früher intensiver bewirtschaftet wurde. Auf Höhe der Timpa del Piombo (415 m) endet die Fahrspur auf Höhe des letzten Hauses mit zwei Zisternen.

Der Abstieg ins Tal beginnt zwischen zwei Trockensteinmauern. Bald führt der schmale Pfad durch duftende Macchia und erreicht den Talgrund, dem wir bis zum einsamen Kiesstrand folgen. Im Sommer ist hier mehr los, wenn sich Badegäste aus dem nahen Scário mit dem Boot herbringen lassen. Auch wir können uns von einem Boot abholen lassen – wenn nicht, kehren wir auf demselben Weg zu Fuß zurück.

20. Monte Bulgherìa – *Fernblick und Lavendelduft*

Seine exponierte Lage über dem Golf von Policastro macht den „nur" 1.225 m hohen Monte Bulgherìa zu einem der schönsten Aussichtsberge des Cilento. Den Namen verdankt er bulgarischen Söldnern, die im 7. Jh. in Begleitung der Langobarden ins Land kamen. Von April bis Juni blühen zahlreiche Orchideen und im Sommer ist die Luft erfüllt vom Duft des wilden Lavendels.

Charakter: Mittelschwere Rundwanderung, die ein bisschen Orientierungsgeschick erfordert.

Gehzeit: Campo Sportivo – Gipfel 2 Std., Gipfel – Campo Sportivo 1 Std. 30 Min., **Gesamtzeit 3 Std. 30 Min.**

Länge: 8 km.

Höhenunterschied: 695 m.

Karten: IGM „F 520 Sez. III. Camerota", 1: 25.000.

Markierung: Rote Sprühzeichen und Kerben in Baumstämmen. Die Nationalparkverwaltung bemüht sich um eine bessere Markierung.

Start: Von Lentiscosa kommend kurz nach dem Ortsschild S. Giovanni a Piro zum Campo Sportivo links abbiegen. S. Giovanni ist von Marina di Camerota aus mit Linienbussen zu erreichen. Am Fußballplatz kann man parken.

Variante: Eine einfachere Aufstiegsvariante (auch für Mountainbikes!) beginnt westlich des Gipfels in Poderia. Aus dem Ort ist der Monte Bulgherìa ausgeschildert. Ein Betonweg führt 800 m steil nach oben

Stolz erhebt sich der Monte Bulgherìa über S. Giovanni a Piro.

(Parkmöglichkeit) und in Serpentinen setzt sich die Schotterstraße ca. 4,5 km bis auf das Hochplateau fort. Über den Grat führt die Piste vorbei an einer Schutzhütte weiter Richtung Osten; unterwegs liegen Picknickstellen mit schöner Aussicht. Der letzte Anstieg bis zum Gipfel führt in Serpentinen über karstiges Gelände (4 Std. 30 Min.; 14 km; 1.000 m).

Westlich S. Giovanni zweigt bei km 25 der SS 562 die Straße zum Campo Sportivo ab. Vom Fußballplatz (530 m) aus beginnt der Weg in nördliche Richtung rasch anzusteigen, während sich die Schotterstraße im Osten unterhalb des Monte Bulgherìa eben in Richtung Bosco und Acquavena zieht. Nach ca. 1 km beginnen uns steile Felswände zu begleiten. Kleine Grotten dienten hier früher den Hirten als Viehunterstand. Der Weg verschmälert sich und wir achten jetzt auf die roten Farbzeichen. Nach einer Serie von Spitzkehren kommen wir an der Quelle Remite vorbei und erreichen auf ca. 720 m Höhe eine Lichtung im Steineichenwald. Wir achten weiterhin auf die roten Markierungen und steigen bis zu dem von niedriger Macchia überzogenen Grat auf. Über karstiges Gelände erreichen wir den 1.225 m hohen Gipfel des Monte Bulgheria. Der Blick über den Golf von Policastro auf die mächtigen Gebirgsmassive der Basilikata und Kalabriens ist überwältigend. Im Westen sehen wir ins Tal des Mingardo hinab.

Vom Gipfel folgen wir dem nach Westen sanft einfallenden Grat bis auf ca. 1.100 m Höhe, biegen auf dem markierten Pfad nach links ins Tal und steigen an der Südflanke des Monte Bulgherìa ab. Oberhalb des Hirtenunterstandes Iazzo Montagna (826 m) schließt sich der Kreis. Auf bereits bekanntem Weg geht es zurück zum Campo Sportivo. Eine Abstiegsvariante führt direkt am Iazzo Montagna vorbei und erreicht ebenfalls den Fußballplatz.

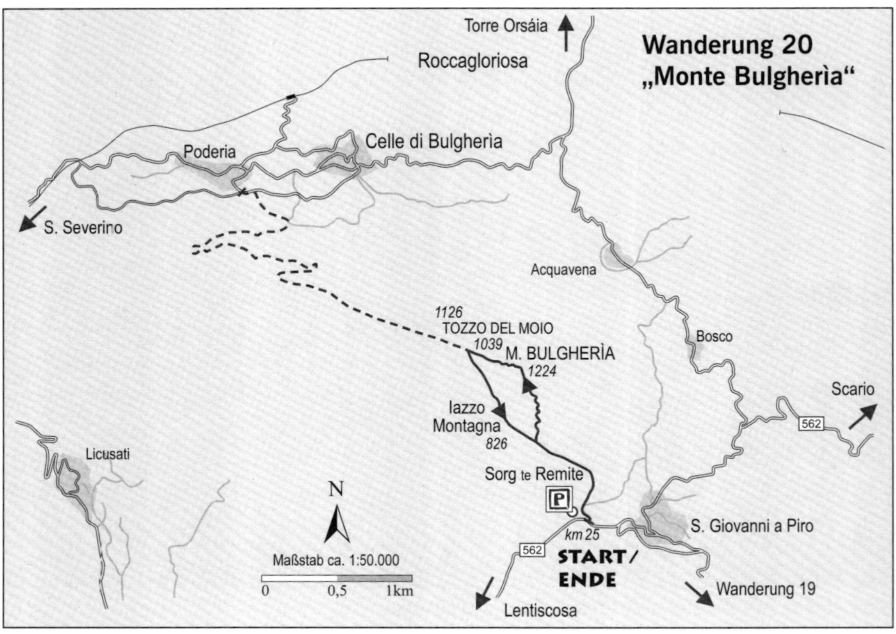

Cilento – Paradies für Rennradfahrer

Für Rennradfahrer ist der Cilento wie Mallorca ohne Rummel. Das wird auch so bleiben, selbst wenn der Giro d'Italia öfters durch das Nationalpark-Gebiet führt. Dank der Schnellstraße SS 18, die von der Autobahnausfahrt Battipaglia im Norden durch den Cilento bis an den Golf von Policastro im Süden führt, ist es auf den meist gut ausgebauten Landstraßen ruhig geworden. Selbst auf der rasend schönen Küstenstrecke herrscht, von Wochenenden und Hochsommer abgesehen, wenig Verkehr. Der Zustand der meisten Straßen ist gut, doch muss man gelegentlich mit Steinen, Ästen und Dreck auf dem Belag rechnen. Autofahrer nehmen generell Rücksicht beim Überholen. Gehupt wird um zu grüßen, nicht um zu drängeln. Ansonsten gilt die allgemeine Regel im italienischen Straßenverkehr: Jeder achtet auf seinen Vordermann. Radfahrer sind gerne gesehen und werden oft angefeuert. Oft kommt es vor, dass zwei Autofahrer, die sich begegnen, mitten auf der Straße zu einem kleinen Schwatz halten. Auch Kuh- und Schafherden sind kein ungewöhnlicher Anblick auf den Straßen im Landesinneren. Pazienza, Geduld, heißt die Devise. Als Straßenkarte empfiehlt sich die Generalkarte Italien, Blatt 12 „Campania-Basilicata", 1:200.000 (Mairs Geographischer Verlag bzw. Istituto Geografico De Agostini). Stecken sie sich eine Fotokopie des Kartenausschnittes, in dem Sie unterwegs sind, ein!

In Dörfern und an den Landstraßen gibt es Trinkwasserbrunnen, auch die Einheimischen füllen hier ihre Flaschen und Kanister ab. Noch im kleinsten Ort findet sich eine Bar, viele schließen jedoch über Mittag. Nehmen Sie also einen Snack und ausreichend Getränke mit. Selbst Touren ins bäuerliche und bergige Hinterland führen früher oder später wieder ans Meer zurück, das von Ende April bis weit in den Herbst mit angenehmen Badetemperaturen erfreut. Es ist zum Teil möglich, Fahrräder in Linienbussen mitzunehmen; zudem bestehen im Sommer Fährverbindungen zwischen einzelnen Hafenorten im Cilento (Metro del Mare: Call center 199446644, www.metrodelmare.com).

In fast keinem der kleinen Orte fehlt die Bar, zentraler Lebensmittelpunkt für kartenspielende Männer.

Die vorgeschlagenen Strecken sind zwischen 40 und 200 km lang, dabei sind Höhenunterschiede von 560 bis 2.400 m zu bewältigen. Als Übersetzung wird 39/25 bzw. 39/27 empfohlen. Vom Genussradeln am Meer bis zu ambitionierten Bergtouren ist für jeden etwas dabei. Die Touren im Buch sind von Nord nach Süd angeordnet. Nach ersten Erfahrungen werden Sie schnell Ihre eigenen Touren zusammen stellen. Reizvoll ist z. B. die 25 km lange Runde um den Monte Stella, die sich in Höhen zwischen 481 und 598 m bewegt, von der Küste gut zu erreichen über Póllica und Gelso. Besonders viele reizvolle Varianten bietet auch die Gegend um Marina di Camerota. Die Touren 4 bis 10 können beinahe beliebig untereinander kombiniert werden.

Auch im Cilento sind die Langohren inzwischen eine Seltenheit.

Mountainbiken

Eine gute Einstiegstour auch für Anfänger ist die als Cammino dell'Alleanza bezeichnete Variante der Wanderung 2 am Monte Tresino. Auch am Monte Licosa können sich Mountainbiker auf aussichtsreichen Forstpisten austoben (siehe Wanderungen 3, 4). Ein anspruchsvolles Terrain sind die Monti Alburni, ein karstiger Gebirgsstock, der sich im Nordosten des Cilento über dem Vallo di Diano erhebt. Hier sollte man auf ortskundige Begleitung nicht verzichten. Eine Ausnahme bildet die im Gelände ebenfalls als Cammino dell'Alleanza markierte Route zwischen Petina (siehe Tour 3) und Pertosa, die über 1.000 Höhenmeter überwindet. In Pertosa kann man die berühmte Tropfsteinhöhle besuchen.

Tipps

◆ Anywhere Bike Club: Giovannino Carrano ist geprüfter Mountainbike-Ausbilder und ein ausgezeichneter Kenner des Cilento. Profi-Bikes zum Ausleihen ab 12 Euro pro Tag. Giovanni begleitet Touren im Cilento (15 Euro 1/2 Tag bzw. 20 Euro pro Tag p. P., Versicherung inkl., mind. 6 Pers.). Via Arbosto 52, Cava dei Tirreni (SA), Mobil 3334026673, www.anywherebikeclub.it.

◆ Ciclidea, Profi-Radshop an der SS 18 in einem modernen Glasgebäude auf Höhe der nördlichen Abfahrt nach Paestum. Räder der besten italienischen Manufakturen zu erstaunlich fairen Preisen und Rahmen nach Maß. Auch Gebrauchträder in Top-Zustand, Rennräder und Mountainbikes zum Ausleihen (bis max. 15 Räder können im Minibus an die Urlaubsadresse in den Cilento gebracht werden!). Wertvolle Tipps. Von Pino Giovinal stammen z. B. die Tourenvorschläge um Marina di Casal Velino. Pino arbeitet mit einem deutschen Radsportveranstalter zusammen. SS 18, km 90 – Capaccio Scalo (SA), Tel./Fax 0828723564, Mobil 3484030575, www.ciclidea.it.

◆ Cilentano, Andreas Heinbokel, von dem die Tourenvorschläge um Marina di Camerota stammen, bietet in Kooperation mit Cilentano eine 7-tägige Gruppenreise mit dem Rennrad an. Als Standquartier dient ein kleines Familienhotel in Marina di Camerota, wenige Schritte vom Calanca-Strand. Ausrüstung wird nicht gestellt, kleine Reparaturen können vor Ort durchgeführt werden. Malergasse 7, D-93047 Regensburg, Tel. (0941) 567646-0, Fax (0941) 567646-1, www.cilento-ferien.de.

1. Meer und Monte Stella

Folgen wir nur der Küstenstraße, handelt es sich um eine ideale Einstiegstour. Möglich ist auch ein Abstecher über Ogliastro Marina zur Punta Licosa. Etwas mehr Puste erfordert die Rückfahrt über die nördlichen Ausläufer des Monte della Stella. Beste Aussichten sind in jedem Fall garantiert.

Piazza von Castellabate: Einfach dazu setzen und die Aussicht genießen!

Start/Ziel: Marina di Casal Velino.
Dauer: 2 Std. 30 Min.–3 Std.
Länge: 70 km.
Höhenmeter: 670 m.

Von Marina di Casal Velino folgen wir der SS 267, vorbei an Pioppi (Meeresmuseum, siehe „Tauchen") bis Acciarioli, dem größten Fischereihafen des Cilento. Weiter geht es über Agnone und, mit einigen Serpentinen, den Felsriegel der Ripe Rosse. Ein Belvedere lädt zum Verschnaufen ein. Im Tal des Rivo dell'Arena besteht die Möglichkeit, links nach Ogliastro Marina abzubiegen. Mit einem Trekking-Rad kann man auf ebener Kiesstraße, vorbei an der Punta Licosa, die Runde bis S. Marco di Castellabate drehen (siehe Wanderung 3).

Auf der SS 267 erreichen wir den Abzweig Castellabate im Süden des freundlichen Fischerstädtchens Santa Maria di Castellabate (siehe Radtour 4). Vier Kilometer Serpentinen und 245 Höhenmeter später haben wir Castellabate erreicht. Der Anstieg setzt sich über Perdifumo bis Mercato Cilento (siehe Wanderung 5) fort, mit 598 m der höchste Ort der Tour. Herrliche Landschaftsblicke und verkehrsarme, gut asphaltierte Straßen versüßen den schweißtreibenden Abschnitt.

Von Mercato Cilento geht es kontinuierlich bergab in Richtung Laureana. Unterwegs reizt ein Abstecher ins Philosophenstädtchen Vatolla. Am Abzweig Torchiara halten wir uns rechts und erreichen über Rutino das Alento-Tal bei Omignano Scalo. Auf der neu asphaltierten Piedimontana am westlichen Alento-Ufer setzen wir zum Schlusssprint bis Marina di Casal Velino an.

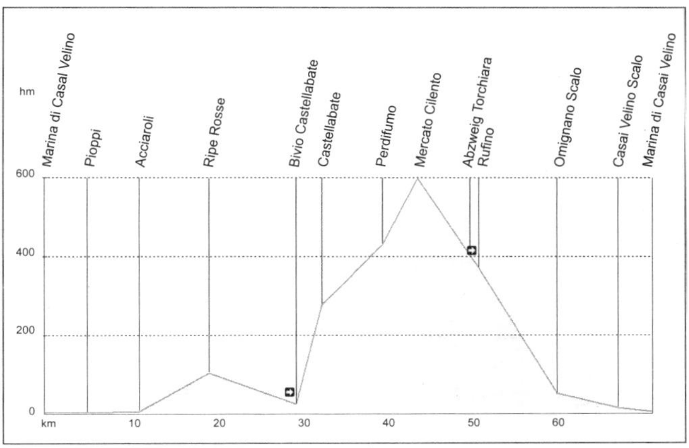

2. Über alle Berge nach Paestum

Nichts für Ungeübte, für den sportlichen Aktivurlauber allerdings ein Leckerbissen. Zeit braucht man für den Besuch der berühmten Tempel von Paestum (UNESCO-Weltkulturerbe)! Eine aussichtsreiche Höhenstraße führt über Capaccio, die mittelalterliche Nachfolgesiedlung Paestums, zurück ins Alento-Tal.

Die dorischen Tempel von Paestum haben bereits Goethe begeistert.

Start/Ziel: Marina di Casal Velino.
Länge: 105 km.
Dauer: 4–5 Std.
Höhenmeter: 1.110 m.

Von Marina di Casal Velino rollen wir auf der neu asphaltierten Piedimontana am westlichen Ufer des Alento bis Omignano Scalo. Dort warten 350 m Anstieg über Rutino bis zum Abzweig Torchiara (siehe Radtour 1). Hier geht es rechts. Als Belohnung der Blick in die Ebene von Paestum und, über den Golf von Salerno hinweg, bis zur Amalfitana und Capri. Über die Schnellstraße und vorbei an Prignano Cilento geht es mit leichtem Auf und Ab über die nördlichen Ausläufer des Monte della Stella bis Ogliastro Cilento, dann die erholsame Abfahrt über Mattine zu den Tempeln von Paestum. Mit dem Fahrrad können wir die 4,5 km lange, fast vollständig erhaltene antike Stadtmauer umrunden. Für den Besuch der Tempel und eine frische Mozzarella steigen wir gerne vom Sattel.

Weiter geht es vom Osttor Porta Sirena, vorbei am Bahnhof und unter der SS 18 durch, Richtung Capáccio. Am Kreisverkehr biegen wir links auf die SP 318 ab und fahren wenige Kilometer Richtung Norden. Kurz nach dem Ristorante „Le Trabe“, auf der Wiese davor ein Landeplatz für Gleitschirmflieger (siehe „Gleitschirmfliegen“), erreichen wir die befahrene SS 166, der wir nur wenige 100 m in Rich-

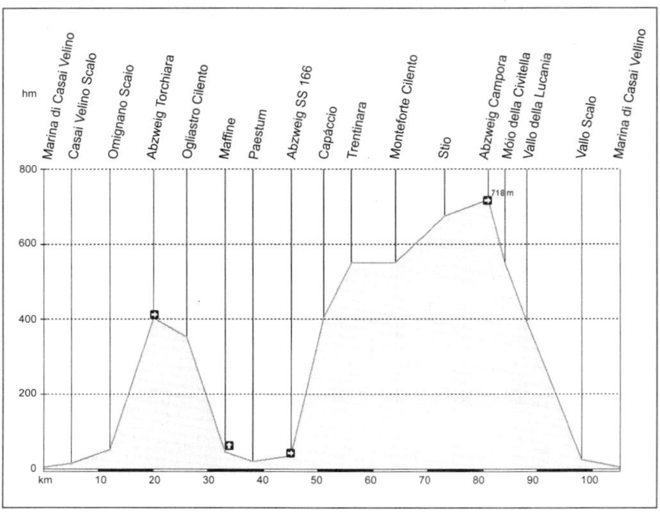

tung Roccadáspide nach rechts folgen. Dann biegen wir wieder rechts ab und auf der SP 13 beginnt der lange Anstieg nach Capáccio. Beim kurzen Abstecher zum Santuario Madonna del Granato holen wir noch einmal Luft und genießen die Aussicht (siehe Wanderung 1). Bilderbuchblicke und Steineichenwälder begleiten uns auch während des weiteren Anstiegs durch Capáccio, vorbei an Trentinara und nach Monteforte Cilento, einem typischen Cilento-Bergort mit Piazza, Bar und Belvedere. Im Auf und Ab geht es weiter durch Capizzi und Magliano Vètere (siehe Wanderung 7). Am Ortsschild Magliano Nuovo biegen wir rechts nach Stio ab. Nach dem hübschen Ort biegen wir links ab und es geht auf der SS 488 noch einmal bergauf bis zum 718 m hohen Abzweig Cámpora, dem Scheitelpunkt der Tour. Zur Belohnung folgt die lange Genuss-Abfahrt durch unberührte Wälder, den Monte Gelbison (siehe Wanderung 12) und die Küste im Blick. Über Móio di Civitella erreichen wir Vallo della Lucánia, die heimliche Hauptstadt des Cilento. Auf der alten SS 18 erreichen wir Vallo Scalo. Hier biegen wir links ab und folgen dem Alento-Tal, parallel zur Bahnlinie, in Richtung Meer. Auf Höhe von Casal Velino Scalo queren wir den Fluss und kehren zurück nach Marina di Casal Velino.

3. Cilentissima – über den Sentinella-Pass

Die ultimative Herausforderung für konditionsstarke Könner! Radsport pur auf perfekt asphaltierten meist verkehrsarmen Straßen und Belvedere satt. Die 230 km lange Runde mit Giro d`Italia-Niveau wartet mit fünf Bergen und 2.400 Höhenmetern auf. Am Passo della Sentinella erreichen wir knapp die 1.000 m-Grenze.

Von Marina di Casal Velino fahren wir in umgekehrter Richtung der Radtour 2 über Vallo Scalo, Vallo della Lucánia und Móio della Civitella zur ersten Bergwertung ins 675 m hoch gelegene Stio (geruhsamer ist die Strecke über Cámporra). Auf flotten Serpentinen geht es dann Richtung Laurino bergab ins Calore-Tal, bevor auf der gegenüber liegenden Flussseite der 30

Start/Ziel: Marina di Casal Velino.
Dauer: 8–10 Std.
Länge: 192 km.
Höhenmeter: 2.400 m.
Tipp: Als Zwischenstopp bieten sich Roscigno mit einigen neu eröffneten Bed&Breakfast-Unterkünften im Ortszentrum oder Corleto Montforte mit dem Agriturismo „Terra Nostra – My Land“ an der SS 116 zwischen Corleto und Bellosguardo an (Contrada Galdo, Mobil 3334560287, 3395718309.

Bei Laurino gibt es noch viele der alten Bogenbrücken, auch Teufelsbrücken genannt.

km lange Anstieg beginnt. Vorbei an Laurino, Piaggine, Sacco und Roscigno (reizvoll der Abstecher nach Roscigno Vecchia!), erreichen wir zuletzt auf der SS 166 den 998 m hohen Passo della Sentinella, unseren höchsten „Gipfel“. Nach einem stolzen Blick zurück wartet zur Kühlung der brennenden Oberschenkel eine rasante Abfahrt auf der SS 116 bis San Rufo und weiter über San Pietro al Tanagro und Sant'Arsenio auf der SS 426 ins 550 m tiefer gelegene Polla. Vor uns breitet sich das Vallo di Diano aus, seit der Antike eine der Hauptverkehrsadern Richtung Kalabrien.

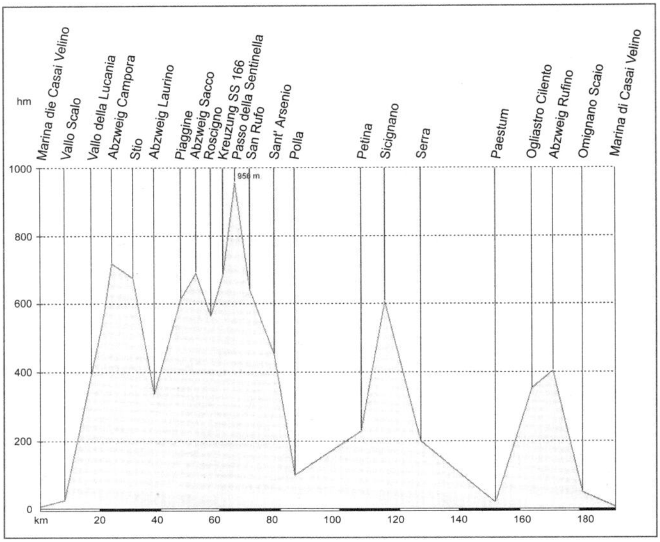

Von Polla steigen wir an der Nordflanke der verkarsteten Monti Alburni über Petina in westlicher Richtung nach Sicignano degli Alburni auf. Über Serre rollen wir dann, noch einmal den Fiume Calore querend, unterhalb von Altavilla Silentina auf Nebenstraßen durch Cerrelli und Matinella in Richtung Paestum. Bei Vúccolo di Maiorano stoßen wir auf die SS 166, der wir nur ein kurzes Stück nach rechts folgen. Den Abzweig nach Capáccio lassen wir links liegen, biegen aber kurz darauf links auf die Piedimontana ein, die am Ristorante „Le Trabe“ vorbei zu einem Kreisverkehr führt. Reicht die Kraft noch für einen kurzen Blick auf die Tempel von Paestum, biegen wir hier rechts ab. Ansonsten fahren wir geradeaus, bis wir am nördlichen Ufer des Fiume Solofrone auf eine querende Straße stoßen, biegen rechts ab und erreichen den Bivio Mattine. In umgekehrter Richtung der Radtour 2 geht es ein letztes Mal bergauf. Ist der knapp 370 m hohe Anstieg nach Rutino geschafft, ist die gemächliche Rückfahrt durch das Alento-Tal über Omignano Scalo bis Marina di Casal Velino redlich verdient (siehe Radtour 1).

Manchmal gibt es unterwegs einen Apfel geschenkt.

4. Auf der Küstenstraße

Viel Meer und viele Kilometer. Von Marina di Camerota geht es immer die Küstenstraße entlang bis S. Maria di Castellabate und anschließend wieder zurück. Eine Tour auch für schlechtes Wetter, nur nicht an Wochenenden oder im Hochsommer!

Start/Ziel: Marina di Camerota.
Dauer: 6 Std.
Länge: 144 km.
Höhenmeter: 1.700 m.
Tipp: Im Sommer bestehen Fährverbindungen zwischen einzelnen Hafenorten des Cilento, ein erholsamer Perspektivenwechsel (Metro del Mare: Call center 199446644, www.metrodelmare.com)!

Santa Maria di Castellabate ist ein Fischer-Borgo mit viel Flair und kilometerlangen Sandstränden.

Von Marina di Camerota führt die SS 562 an verlockenden Stränden entlang, fast immer auf Meereshöhe, bis Palinuro. An der großen Kreuzung im Norden des Urlaubsortes folgen wir rechts der Küstenstraße parallel zum herrlichen Sandstrand und vorbei an der Stazione di Caprioli. Dann folgt der längere Anstieg nach Pisciotta (nette Piazza mit Bars!). Es folgen ein welliger Abschnitt, insgesamt abfallend, und von oben herrliche Blicke aufs Meer. Danach geht es mit 12 % Gefälle steil bergab! Kaum Zeit zum Verschnaufen. Über eine kleine Brücke geht es dann nach Ascea gleich wieder bergauf. Danach die schöne Abfahrt mit vielen Kurven auf gutem Asphalt nach Marina di Ascea. Unter der Eisenbahnbrücke durch und vorbei an den Ausgrabungen von Velia (siehe Wanderung 13), geht es am nördlichen Ortsausgang an der Kreuzung geradeaus weiter. Wir überqueren den Fiume Alento und erreichen auf einem flachen Abschnitt Marina di Casal Velino.

Wie in Radtour 1 beschrieben, setzen wir die Fahrt auf schöner Strecke in Richtung S. Maria di Castellabate fort, diesmal nach links bis in den hübschen Küstenort hinein. Am Meer öffnet sich eine halbrunde Strand-Piazza, der kleine Corso lädt zum Flanieren ein. Auf gleicher Strecke geht es anschließend zurück nach Marina di Camerota.

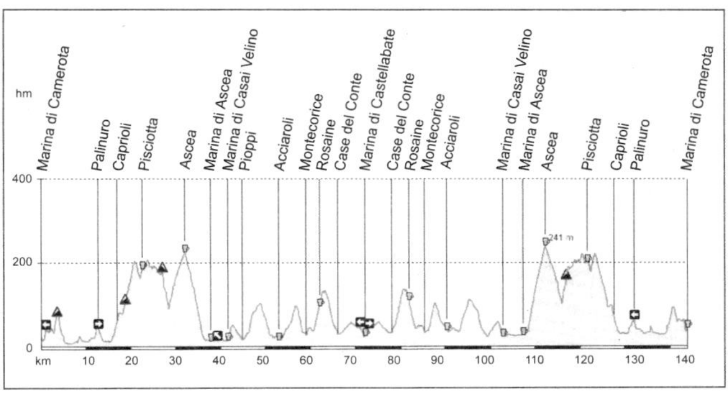

5. Mingardo- und Lambrotal

Gute Einstiegstour, um die Küstenstraße einzufahren und das Hinterland von Palinuro zu erkunden. Das nächste Mal locken vielleicht die Serpentinen von Licusati (siehe Radtour 9). Spaß und Überblick bringt die Abfahrt von Centola nach Palinuro.

An der Tankstellen-Kreuzung in Foria kommt jeder vorbei.

Start/Ziel: Marina di Camerota.
Dauer: 1 Std. 30 Min. – 2 Std.
Länge: 41 km.
Höhenmeter: 560 m.

Von Marina di Camerota fahren wir auf der küstenparallelen SS 562 in Richtung Palinuro und biegen nach der Mingardo-Brücke rechts auf die SS 562 dir., der wir durchs Mingardo-Tal bergauf folgen. Nach Einmündung der Serpentinenstraße aus Licusati (siehe Radtour 9) biegen wir hinter einem Tunnel links ab und erreichen über eine Brücke San Severino (siehe Wanderung 16). Wir folgen der Straße im Ort bergauf und halten uns an der Y-Gabelung schräg links.

In Foria biegen wir an der T-Kreuzung links ab (rechts setzt sich die Straße Richtung Futani fort, siehe Radtouren 6, 9). Kurz darauf, an einer Kreuzung mit Tankstelle, biegen wir noch einmal links ab, jetzt in Richtung Meer. In Centola steigt die Straße über Kopfsteinpflaster steil an, die Piazza lassen wir links liegen. Dann geht es wieder bergab. Der Straßenbelag ist gut und wir genießen die Serpentinen-Abfahrt, bis wir auf der Höhe von Palinuro wieder auf die Küstenstraße stoßen. Nach links geht es zurück nach Marina di Camerota.

Varianten: An der Tankstellen-Kreuzung in Foria rechts abbiegen und hinab ins Lambro-Tal. Vorbei an der Stazione di San Mauro la Bruca geht es wieder bergauf und an der T-Kreuzung links weiter bergauf in Richtung San Nicola. Nach dem Ort gabelt sich die Straße. Landschaftlich reizvoller ist die etwas längere Variante, die rechts Richtung Pisciotta führt. Es geht angenehm bergab, zunächst durch ein modernes Straßendorf und dann zwischen Olivenhainen mit Blick aufs Meer. Auf der Küstenstraße nach links kehren wir über Palinuro nach Marina di Camerota zurück.

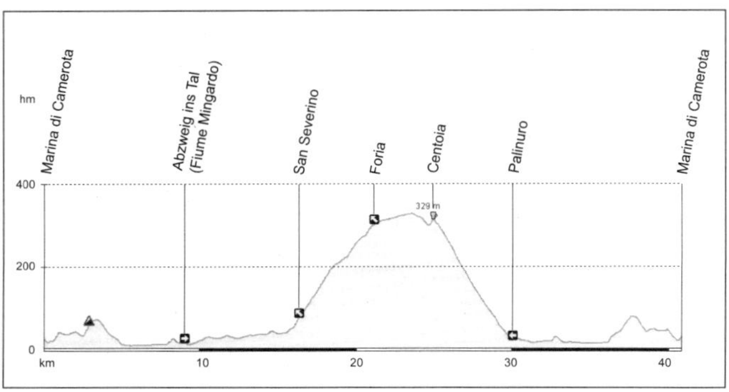

6. Zwischen Mingardo und Fiumarella

Zu beiden Seiten von Palinuro locken herrliche Sandstrände. Im Hinterland fahren wir durch schattige Kastanienwälder, Olivenhaine und freundliche Bergorte. Gegen den Durst helfen nette Bars und kühle Wasserbrunnen unterwegs. Als Draufgabe gibt es Andreas Heinbokels Lieblingsabfahrt von Catona nach Terradura.

Reiche Weinernte bei Cúccaro Vétere, im Hintergrund der Monte Búlgheria (siehe Wanderung 20).

Start/Ziel: Marina di Camerota.
Dauer: 5–5 Std. 30 Min.
Länge: 104 km.
Höhenmeter: 1.600 m.

Von Marina di Camerota fahren wir auf der SS 562 in Richtung Palinuro und weiter durch das Mingardo-Tal bergauf bis San Severino und Foria (siehe Radtour 5). In Foria halten wir uns an der T-Kreuzung rechts. Dieser Straße folgen wir bis Massicelle. Hinter Massicelle geht es unter der Schnellstraße durch. Der Anstieg setzt sich, nach Durchfahrt des Lambro-Tals, Richtung Futani fort. Im Ort geht es bergauf und nach einem Linksknick an der Gabelung schräg rechts weiter bergauf (schräg nach links führt die Straße in Richtung Eremiti und San Mauro la Bruca bergab). Wir stoßen auf die alte SS 18, die seit Eröffnung der Schnellstraße kaum noch befahren wird, und folgen ihr nach links. Vorbei an Cúccaro Vétere steigt die Straße bis zum Scheitelpunkt unserer Tour weiter an und fällt dann mit Blick auf die Monti Alburni rasch ab.

Am Ende der Abfahrt erreichen wir nach einigen flotten Serpentinen, ca. 1,5 km vor San Biase (siehe Radtour 8), den Linksabzweig nach Ceraso. Wieder geht es unter der Schnellstraße durch. Am östlichen Ortsrand von Ceraso biegen wir an der Tankstelle links in Richtung Santa Bárbara ab. An der Küste ist der Akropolishügel von Velia (siehe Wande-

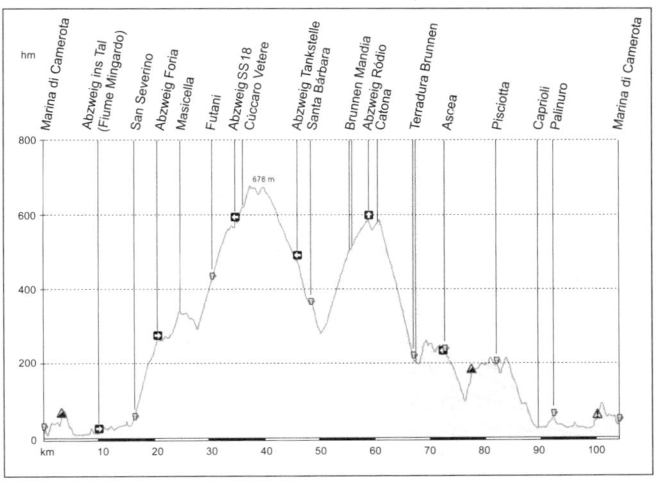

rung 13) zu sehen, dahinter öffnet sich der Golf von Ascea. Nach Santa Bárbara steigt die Straße erneut an und führt kurz vor Mandia an einem Trinkwasserbrunnen vorbei. Mandia bleibt rechts liegen. Nach einem weiteren Anstieg erreichen wir den Abzweig von Ródio, mit der Möglichkeit, die Route abzukürzen (siehe Radtour 7). Wir fahren geradeaus weiter bis Catona. Es folgt die tolle Abfahrt durch Olivenhaine bis Terradura. Der Blick geht über das Fiumarella-Tal auf die Ruinen von Vélia. Nach leichtem Zwischenanstieg erreichen wir in Ascea die Küstenstraße SS 447. Zurück in Richtung Palinuro geht es zunächst bergab, dann mit über 12 % Steigung hoch und weiter nach Pisciotta. Die Piazza mit den einladenden Bars in der Ortsmitte kommt wie gerufen!

Wir bleiben auf der SS 447, die Serpentinenstraße hinunter nach Marina di Pisciotta ist für Fahrräder zu steil. Vorsicht, kurz nach dem Abzweig San Nicola kommt eine schwer einsehbare Linkskurve, in der rechts die Straße zum Bahnhof Pisciotta-Palinuro abzweigt! Vorbei am Bahnhof Caprioli erreichen wir Palinuro und folgen am nördlichen Ortsrand der Hauptstraße nach links. Im Rücken des Molpa-Hügels und des Arco Naturale geht es über die Mingardo-Brücke auf der SS 562 nach Marina di Camerota zurück.

7. Terradura und Ródio

Die Küstenstraße bietet einen fantastischen Ausblick auf das Meer. Durch Olivenhaine geht es von Ascea bergauf bis Catona – eine Traumstrecke, die wir bei Radtour 6 als Abfahrt genießen. Auf der Fahrt vorbei an Ródio ist Zeit für eine Pause in Pisciotta. Wer mehr Berge mag, macht auf dem Rückweg nach Marina di Camerota einfach einen Schlenker, z. B. über San Nicola, Foria und Centola (siehe Radtouren 5, 6).

Verkehrsstau auf der Straße zwischen S. Bárbara und Ródio.

Start/Ziel: Marina di Camerota.
Dauer: 4 Std. 45 Min.
Länge: 78 km.
Höhenmeter: 1.200 m.

Wie in Radtour 4 beschrieben, folgen wir der Küstenstraße bis Ascea. Hier ist eine gute Gelegenheit für eine kleine Pause, denn in Terradura oder Catona sind die Bars manchmal geschlossen und bis Pisciotta sind es noch gut 2 Std. Fahrt.

In Ascea biegen wir ca. 200 m hinter der kleinen Piazza auf der Kuppe rechts ab. Kurz danach teilt sich die Straße und wir halten uns rechts. Ohne auf weitere Abzweige achten zu müssen, folgen wir der Straße durch Olivenhaine hinab nach Terradura und anschließend über viele Serpentinen hoch bis Catona. Hier gibt es noch echte kleine und große Pantani-Fans. Man wird entsprechend begrüßt und angefeuert. Hinter Catona geht es kurz bergab, und nach etwa 1,5 km erreichen wir einen Abzweig. Rechts geht es zwischen den Bergkämmen steil nach Ródio herunter. Die ersten Kehren sind mit Vorsicht zu fahren! Die Straße ist sehr steil und oft liegt Schmutz auf der Fahrbahn. Dann wird die Abfahrt etwas flacher. In Ródio selbst halten wir uns an der Kreuzung schräg links. Nach kurzem Zwischenanstieg kommen wir in den Genuss einer schönen Abfahrt, die uns auf die Küstenstraße zurückführt. Nach links erreichen wir kurz darauf Pisciotta und gönnen uns auf der sonnigen Piazza das verdiente gelato.

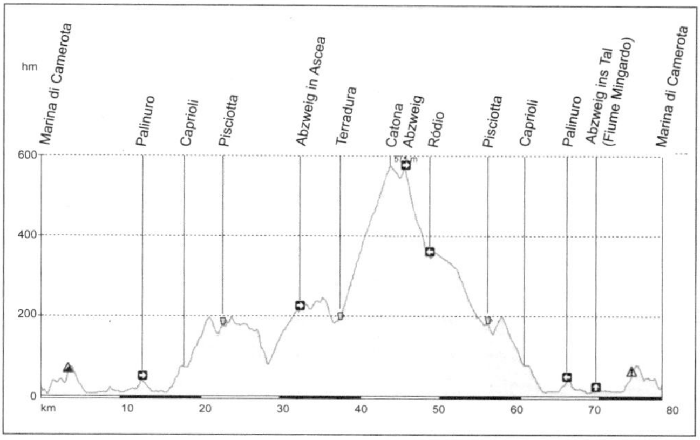

Wie in Radtour 6 beschrieben, folgen wir zurück nach Marina di Camerota der Küstenstraße. Unterwegs achten wir auf die schwer einsehbare Kurve am Abzweig zur Stazione di Pisciotta-Palinuro!

8. Am Fuße des Monte Sacro

Die ideale Radtour für Freunde langgezogener, nicht allzu steiler Anstiege. Nach der schönen Küstenstrecke folgen wir im Landesinneren der landschaftlich reizvollen alten SS 18, die seit Eröffnung der Schnellstraße fast frei von Verkehr ist.

Start/Ziel: Marina di Camerota.
Dauer: 5 Std. 30 Min.
Länge: 111 km.
Höhenmeter: 1.450 m.
Tipp: Bei einem Abstecher in das idyllische Torna-Tal am Fuße des Monte Sacro (Monte Gelbison) oder einem Halt in San Biase können wir einladende Picknickplätze entdecken. Einkaufen kann man auch unterwegs.

Wie in Radtour 4 beschrieben, folgen wir der Küstenstraße bis Marina di Ascea. Unterhalb des Akropolishügels von Velia (siehe Wanderung 13) biegen wir am

Vallo della Lucania, die heimliche Hauptstadt des Cilento.

nördlichen Ortsausgang rechts ab und fahren auf ebener Strecke vorbei an der Stazione di Casal Velino am östlichen Alento-Ufer bis auf Höhe der Stazione di Vallo-Castelnuovo.

An der T-Kreuzung biegen wir rechts auf die alte SS 18, die parallel zur neuen Schnellstraße über Pattano nach Vallo della Lucania führt. Mit der Hauptstraße umfahren wir die „Hauptstadt“ des Cilento im großen Rechtsbogen, lassen den Abzweig nach Móio della Civitella links liegen (siehe Radtour 3) und folgen der alten SS 18 jetzt in Südrichtung. Kurz nach Massa besteht die Möglichkeit eines reizvollen, aber steilen Abstechers vorbei an Novi Velia ins idyllische Torna-Tal (siehe Wanderung 12). Der Gipfelsturm auf den 1.705 m hohen Monte Sacro (Monte Gelbison) ist wirklich nur etwas für absolut Hartgesottene (12–18 % Steigung!).

Cúccaro Vétere auf einem Hügel von Oliven umgeben.

Auf der alten SS 18 begleiten uns in Richtung Süden im reizvollem Wechsel Eichenwälder, Weinberge und Olivenhaine. Wir kommen vorbei an San Biase, einem freundlichen Ort am Ufer des Fiume Palistro. Nach dem Abzweig nach Ceraso (siehe Radtour 6) schraubt sich die SS 18 Richtung Cúccaro Vétere in Serpentinen bergauf. Am Straßenkilometer „160“ erreichen wir den Scheitelpunkt der Tour. In Kurven geht es jetzt angenehm bergab. Über Cúccaro Vétere sehen wir auf den Monte Bulgheria (siehe Wanderung 20). Die SS 18 umfährt den Ort im weiten Bogen (ein Abstecher bis zur Belvedere-Piazza lohnt), der von allen Seiten einen schönen Anblick bietet. Dann verlassen wir die alte SS 18 und biegen rechts in Richtung Futani und Palinuro ab. Mit leichtem Gefälle geht es im angenehmen Halbschatten bergab. In Futani ist es möglich, nach San Mauro la Bruca weiter zu fahren und die Küstenstraße über San Nicola zu erreichen. Wir folgen den Radtouren 8, 9 in umgekehrter Richtung über Masicelle und Foria nach Severino und gelangen durch das Mingardo-Tal auf die SS 562, auf der es zurück nach Marina di Camerota geht.

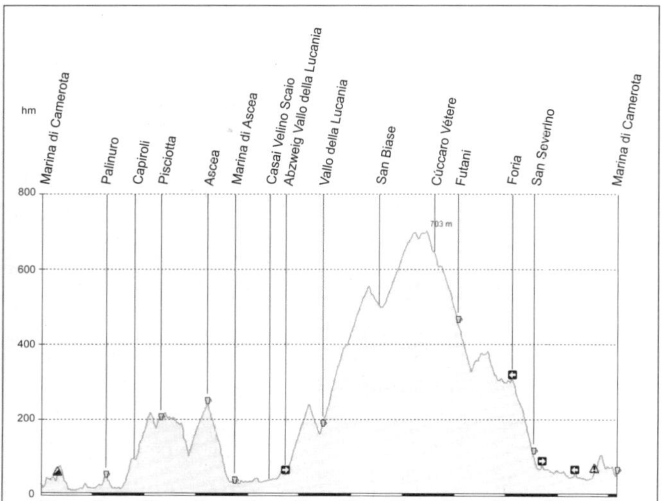

9. Um den Monte Bulghería

Ein weiter Bogen ins Landesinnere und viele Punkte für die Bergwertung. Statt Power-Schoko-Riegel gibt es in Torre Orsaia leckeren Honig! Atemberaubend ist die Serpentinen-Abfahrt von Lentiscosa zurück nach Marina di Camerota.

Start/Ziel: Marina di Camerota.
Dauer: 6 Std.
Länge: 98 km.
Höhenmeter: 1.920 m.
Varianten: Sanfter beginnt die Tour mit der Anfahrt durch das Mingardo-Tal (siehe Radtouren 5, 6) und endet weniger aufregend mit der Rückfahrt über Celle und Poderia.

Gleich zu Beginn treten wir bergauf nach Camerota kräftig in die Pedalen. Vor dem Ort flacht die Straße erst noch einmal kurz ab. In Camerota selbst biegen wir an der ersten größeren Kreuzung links ab (geradeaus geht es ins Centro). Durch den nördlichen Ortsteil geht es weiter bergauf nach Licusati – kurzzeitig richtig steil. Hinter Licusati setzt sich der Anstieg fort bis auf eine Kuppe mit der S. S. Annunziata-Kapelle. Dann die Belohnung: eine schnelle Abfahrt ins Mingardo-Tal, nur die sechs Serpentinen erfordern die Bremse. Wir stoßen auf die SS 562 dir., der wir in Fahrtrichtung nach rechts in Richtung San Severino folgen. Direkt hinter dem Tunnel biegen wir links in den Ort ab und erreichen, wie in Radtour 6 beschrieben, über Foria, Masicelle und Futani die alte SS 18, die seit Eröffnung der Schnellstraße kaum noch befahren wird.

Auf der alten SS 18 geht es nach rechts leicht bergauf bis Montano Antilia, dem Scheitelpunkt der Tour. Das Meer ist nicht mehr zu sehen, dafür genießen wir tolle

Haarnadelkurven führen von Licusati ins Mingardo-Tal.

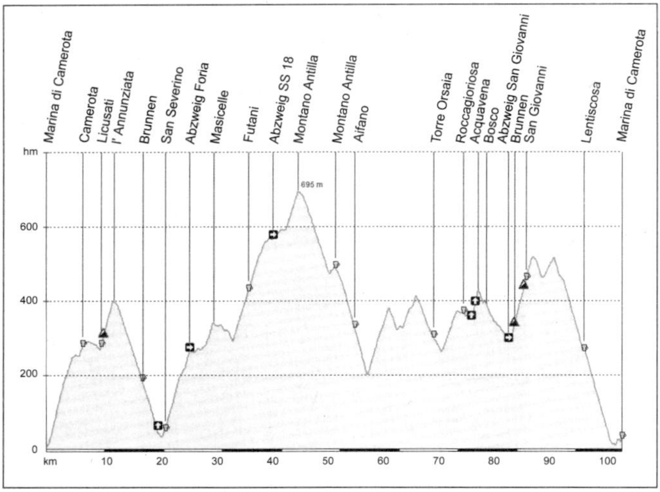

Blicke ins bergige Hinterland. Jetzt geht es flott bergab und durch Laurito. Mit einem kleinen Zwischenanstieg nach Alfano erreichen wir im leichten Auf und Ab Torre Orsaia. Wir folgen dem Straßenverlauf und biegen am westlichen Ortsrand in einer lang gezogenen Linkskurve rechts nach Roccagloriosa ab. Bis Roccagloriosa steigt die Straße wieder an. Im Ort halten wir uns schräg nach links und fahren kurz bergab. Wer schon etwas müde ist, biegt an der Gabelung rechts nach Celle di Bulgheria und Poderia ab und kehrt auf sanft abfallender Strecke nach Marina di Camerota zurück.

Bergfreunde fahren an der Gabelung weiter geradeaus. Wir überqueren die Schnellstraße über eine Brücke und erreichen auf einem welligen Abschnitt über Acquavena das kleine Bosco. Hinter Bosco geht es an einer T-Kreuzung rechts ab und, mit kurzen Blicken auf den Golf von Policastro, steil bergauf nach San Giovanni a Piro. Ein reizvoller Abstecher führt vom östlichen Ortsrand zum Aussichtspunkt Ciolandrea (siehe Wanderung 19)!

Der Anstieg zieht sich durch den Ort und noch ein kurzes Stück darüber hinaus (auf Höhe des Sportplatzes ein Einstieg zur Wanderung 20). Mit Blick aufs Meer geht es wieder sanft bergab. Dann kommen die ersten Kurven und die Abfahrt wird schneller. Bei der Durchfahrt durch Lentiscosa bitte auf Fußgänger und Hunde achten! Nach der Kehre im Ort kommt eine Ampel. Bei Rot sollten auch Radfahrer brav warten, da die Straße wirklich so eng ist, dass man nicht an einem entgegenfahrenden Auto vorbeikommt. Sind Autos, Busse oder Laster hinter einem, vorbei fahren lassen. Dann kann man die nun folgende rasante Abfahrt ungestört genießen. Vollgepumpt mit Adrenalin erreichen wir auf Höhe des Fußballplatzes Marina di Camerota.

Der Monte Bulgherìa über S. Giovanni a Piro.

10. Nach Scário an den Golf von Policastro

Durch alpine Bergeinsamkeit gelangen wir an den Golf von Policastro, ein Stück Schweiz in Süditalien. Vier rasante Abfahrten und ein extremer Anstieg nach San Giovanni a Piro stehen auf dem Programm.

Scário am Golf von Policastro: Fast glaubt man in der Schweiz zu sein.

Start/Ziel: Marina di Camerota.
Dauer: 5 Std.
Länge: 102 km.
Höhenmeter: 1.800 m.
Tipp: In Morigerati taucht der Bussento-Fluss, der bei Casella in Pittari in einem gigantischen Schluckloch verschwindet, wieder auf. Aus dem Ort führt ein Maultierpfad in das 270 m tiefer gelegene Naturschutzgebiet in einem spektakulären Canyon (Oasi WWF Morigerati, Piazza Piano La Porta, Tel. 0974982223).

Wie bei den Radtouren 5, 6 beschrieben, fahren wir durch das Mingardo-Tal in Richtung San Severino. Nach dem Tunnel geht es diesmal geradeaus unter der Eisenbahnbrücke und, nachdem wir an der Kreuzung links abgebogen sind, unter der Schnellstraße durch. Auf kaum befahrener Straße geht es über Poderia (siehe Wanderung 20) und Celle di Bulghería bis zur T-Kreuzung unterhalb von Roccagloriosa.

Hier biegen wir links ab, lassen den Ort links liegen und fahren bergab in Richtung Torre Orsaia. Am Ende der Abfahrt biegen wir an der T-Kreuzung links ab und folgen dem Straßenverlauf leicht bergauf durch den Ort. Am östlichen Ortsrand schwenkt die Hauptstraße nach links. Wir fahren aus der Kurve geradeaus weiter, und hier beginnt die erste Abfahrt über viele Kurven ins Bussento-Tal. Schnell sind die hart erarbeiteten Höhenmeter dahin, nicht zum letzten Mal auf dieser Tour. Dann wieder bergauf erreichen wir nach ca. 2 km einen Abzweig, an dem wir schräg nach links Richtung Caselle fahren. Etwas später folgen wir nicht dem

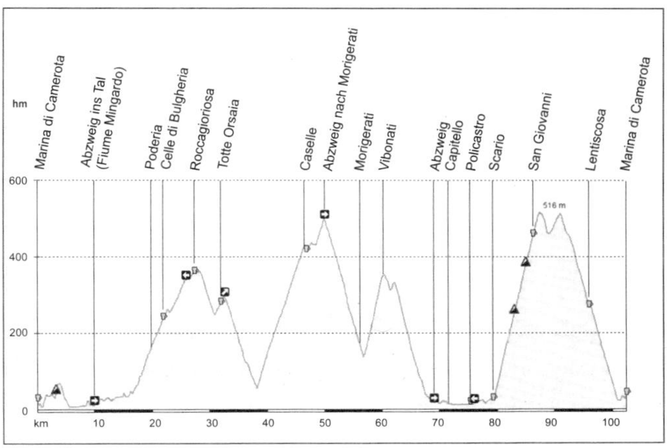

Scário – Perle im Süden des Cilento.

Wegweiser Caselle, der auf die Schnellstraße führt, sondern der kaum noch befahrenen Landstraße weiter geradeaus. Wir überqueren die SS 517 und erreichen mit einigen Kehren Caselle in Pittari. An der Piazza am Ortseingang biegen wir rechts ab und an der nächsten Kreuzung wieder rechts. Leicht bergauf geht es durch karstige Berglandschaft bis zu einem Abzweig. Rechts beginnt die nächste schöne Abfahrt, diesmal bis Morigerati. Im Ort folgen wir dem Straßenverlauf, und nach einer kleinen Fahrt durch das Bussento-Tal geht es wieder bergauf nach Vibonati. Gleich hinter dem Ort folgt die dritte Abfahrt, die uns diesmal bis auf die Küstenstraße bringt.

Auf der an Wochenenden stärker befahrenen SS 18 fahren wir nach rechts, nach Capitello im leichten Auf und Ab. Bei Policastro Bussentino führt die Straße im Bereich der Bussento-Mündung von der Küste mit einem Schlenker ins Landesinnere. Hier biegen wir von der SS 18 links nach Scario und San Giovanni ab. Am Kreisverkehr von Scario lohnt der kurze Abstecher an den Hafen. Pause mit Riviera-Flair vor dem steilsten Anstieg!

Nach San Giovanni geht es ständig bergauf, im Schnitt mit 7 %, gelegentlich aber mit bis zu 12 %! Der Anstieg setzt sich im Ort fort. Weiter geht es, wie in Radtour 8 beschrieben, bergab bis Lentiscosa. Hier wartet als krönender Abschluss die letzte und schönste Abfahrt der Tour nach Marina di Camerota.

In Lentiscosa beginnt eine rasante Abfahrt nach Marina di Camerota.

Strände, Bootsausflüge, Segeln, Surfen, Tauchen...

Der Cilento lockt mit über 100 abwechslungsreichen Küstenkilometern zum Urlaub am Meer. Von April bis weit in den Herbst lädt das Wasser zum Baden ein. Lange Sandstrände wechseln sich mit stillen Kiesbuchten, steilen Felsklippen und geheimnisvollen Meeresgrotten ab. Jeden Sommer untersucht der italienische Umweltverband Legambiente (www.legambiente.com) die Küsten und Strände des Bel Paese. Der Cilento schneidet dabei überdurchschnittlich gut ab, Bestnoten erhalten regelmäßig die Strände von Acciaroli und Pioppi. Die Foundation of Enviromental Education (www.feeitalia.org) verleiht als Auszeichnung für hohe Wasserqualität, Sicherheit und gutes Umweltmanagement die Blaue Flagge, im Cilento weht sie seit Jahren über den Stränden von Castellabate, Acciaroli, Pioppi, Ascea und Pisciotta.

Im Hochsommer spielt sich italienisches Strandleben in den lidi oder bagni ab, abgesteckten Strandabschnitten mit bonbonbunten Umkleidekabinen, ombrelloni (Sonnenschirmen) und lettini (Liegestühlen), für deren Benutzung ein paar Euro zu entrichten sind. Manchmal sind Beachvolleyball-Felder abgesteckt. Im Cilento allerdings bleiben auch im August viele Strandabschnitte frei zugänglich, einige versteckte Buchten sind ohnehin nur mit dem Boot zu erreichen. Bis Juni und wieder ab Mitte September sind die Traumstrände fast menschenleer.

Im sauberen Meer spielt Fischfang immer noch eine wichtige Rolle. Im Hafen von Acciaroli liegt eine der großen Fischereiflotten Kampaniens, während in Marina di Pisciotta eine Jahrhunderte alte Fischfangtradition lebendig geblieben ist. In Nächten ruhiger See, zwischen April und Juli, werden alici di menaica gefangen. Die Fischer fahren mit traditionellen menaide, 8 m langen Holzbooten, aus und benutzen dabei die menaica, speziell geknüpfte

Im Cilento locken verschwiegene Kiesbuchten und endlose Strände, wie hier...

Netze zum Fang von Sardellen. Noch auf dem Boot werden die Fische ausgenommen und an Land sofort in Salz eingelegt. In Keramikgefäßen reifen die alici heran, bis sie zart und von unvergleichlichem Geschmack zum Verzehr bereit sind. Beim Pescaturismo kann man Fischern bei ihrer Arbeit auf den Booten nicht nur über die Schultern schauen, sondern auch selbst mit anfassen und den frischen Fang anschließend sogar gemeinsam verspeisen. In San Marco di Castellabate kann man zusehen, wie maestri d'ascia („Axtmeister") traditionelle Holz-Gozzi von bis zu 20 m Länge auf Kiel legen.

Freizeitsegler können die Marinas in Agrópoli, San Marco di Castellabate, Acciaroli, Marina di Camerota und Scario anlaufen. Surfer finden an allen Stränden gute Bedingungen.

Mit Schnorchel und Maske eröffnet sich einem die faszinierende Welt unter Wasser, trockenen Fußes lässt sie sich in Santa Maria di Castellabate und Pioppi in Museen erleben. In fast allen Küstenorten gibt es Tauchbasen. Die besten Tauchspots liegen vor der Punta Licosa, am Capo Palinuro und östlich Marina di Camerota.

Paestum

Ein endloser von Pinien gesäumter Sandstrand zieht sich von Salerno nach Agrópoli, die Wasserqualität wird nach Süden hin zunehmend besser. Aufpassen muss man wegen der Strömungen! Die Strände von Paestum sind ein ideales Windsurfrevier.

Agrópoli

Nördlich von Agrópoli erstreckt sich der kilometerlange Sandstrand von San Marco, südlich der Stadt liegt die schöne Sandbucht Baia di Trentova. An beiden Stränden herrscht im Sommer organisierter Badebetrieb.

Bootsausflüge

◆ Noitour, Via C. Ianni 6, Tel. 0974823852, Mobil 3288967794, www.noitur.it. Von Mitte Mai bis September startet Antonino Barretta mit einem traditionellen gozzo vom Hafen aus zu Ausflügen bis an die Punta Licosa.

Santa Maria di Castellabate, San Marco di Castellabate

Nicht zufällig wurden die beiden hübschen Fischerstädtchen als erste im Cilento vom Tourismus entdeckt. Nördlich und südlich von Santa Maria locken langgezogene familienfreundliche Sandstrände. Eine schöne Sandbucht liegt im Süden in Ogliastro Marina. Seit 1972 sind die Küsten und küstennahen Gewässer vor Castellabate als Parco Marino geschützt, inzwischen auch als Teil des Parco Nazionale.

Museum

◆ Antiquario Comunale, Via Naso, S. Maria di Castellabate. April bis Oktober tägl. 10–12 und 18–21 Uhr. Eintritt frei. Antike Unterwasserfunde, vor Santa Maria und San Marco aus dem Meer geborgen.

Begleiten Sie die Fischer bei ihrer Arbeit auf See und verspeisen Sie gemeinsam mit ihnen den frischen Fang.

Bootsausflüge

◆ Sea Rent and Rescue, Hafen von S. Marco di Castellabate, Tel./Fax 0974966542, Mobil 339689993, 3334033697, www.searentandrescue.com. Raffaele und Roberto bieten Yachtservice an und von Mai bis Oktober Bootsausflüge auf traditionellen gozzi zur Isola Punta Licosa (3 Std. ab 4 Pers. ca. 60 Euro).

Tauchen

◆ Galatea Centro Sub, Hafen von S. Marco di Castellabate. Claudio Macarella (Mobil 3343485643) bietet von Anfang April bis November Kurse nach PADI-Richtlinien und Tauchtörns für bereits zertifizierte Taucher an. Ausrüstung kann gestellt werden.

Acciaroli

Der Fischerhafen Acciaroli ist besonders bei italienischen Badegästen beliebt. Über den langen Sandstränden weht die Blaue Flagge, und auch Legambiente vergibt regelmäßig Bestnoten. Einige erinnern sich ncch an Ernest Hemingway, der 1953 als frisch gebackener Erfolgsautor von „The Old man and the Sea" zum ersten Mal in Acciaroli auftauchte. Im Fischer Antonio Masarone fand er das cilentanische Pendant seines „alten Mannes", mit ihm fuhr er fast täglich zum Angeln aufs Meer hinaus.

Pioppi

Der schmale Kiesstrand von Pioppi, einem außerhalb des Hochsommers sympathisch verschlafenen Küstenort, zählt zu den saubersten des Cilento. Eine winzige Marina bietet Seglern ein paar Ankerplätze.

Museum

◆ Museo del Mare, Via Caracciolo 146, Tel. 0974905059, www.museodelmare.it. Juli bis Mitte September 9.30–12.30 und 18–22 Uhr, Mitte September bis Mai 9.30–12.30 und 15–19 Uhr, Di geschl. Eintritt 2 Euro, ermäßigt 1,50 Euro. Im Palazzo Vinciprova, der mit seiner Fassade aus dem 17. Jh. auf das Meer weist, zeigen Aquarien die marinen Ökosysteme des Cilento.

Bootsausflüge

◆ Associazione Ripe Rosse, Via Nazionale 47, Frazione Agnone, Montecorice, Tel./Fax 0974964488, www.cilentoverdeblu.it. Naturkundliche Ausflüge mit Fischerbooten und Segelyachten (siehe Kapitel „Wanderungen").

Marina di Ascea

Die Sand- und Kiesstrände von Marina di Ascea, einem cilentanischen Mini-Rimini, werden vor allem von italienischen Badetouristen aufgesucht. Die Wasserqualität ist ausgezeichnet. Leider lässt der moderne Ferienort den Charme anderer Küstenorte vermissen.

Marina di Pisciotta

Die Strände von Marina di Pisciotta sind mit der Blauen Flagge für gute Wasserqualität ausgezeichnet. Von der Marina aus werden im Sommer Bootsausflüge entlang der Küste angeboten.

Tauchen

◆ Lido Paradiso Diving Center, c/o Lido Paradiso Club, SS 447 (2 km östl. Marina di Pisciotta und 1 km westl. vom Bahnhof „Pisciotta-Palinuro"), Tel. 0974973232, Fax 0974973577, Mobil 3472526335, www.ddiving.net, www.lidoparadiso.it. Tauchschule auf dem Gelände des gleichnamigen Campingplatzes. Von Juni bis Mitte September Unterricht nach PADI- und NAUI-Richtlinien, Tauchgänge am Capo Palinuro.

Ernest Hemingway, der frisch gebackenen Erfolgsautor von „The Old man and the Sea", besuchte 1953 zum ersten Mal den Cilento.

Palinuro

Die steil aufragenden Kalkfelswände des Capo Palinuro bilden die spektakuläre Kulisse für einige der schönsten Cilento-Strände. Nördlich und südlich des Kaps ziehen sich kilometerlang familienfreundliche Sandstrände, mit Booten lassen sich die Buchten am Kap erreichen. Karibisches Flair verbreitet hier die Cala del Buondormire. Besonders schön ist der Strand am Arco Naturale. Die Hauptattraktion des Kaps, einem der besten Tauchreviere des Cilento, sind die zahlreichen Meeresgrotten. Die Grotta Azzura macht ihrer Namensschwester auf Capri Konkurrenz, die Grotta del Sangue verdankt ihren blutrünstigen Namen rotem Felsbewuchs, in der Cala Fetente (Stinkende Bucht) entspringt eine Schwefelquelle, und in der Grotta della Orsa wachsen Tropfsteine über einem Friedhof steinzeitlicher Tier- und Menschenknochen. Im Sommer werden vom Hafen und vom Arco Naturale aus Bootsfahrten angeboten.

Bootsausflüge

◆ Cooperativa Palinuro, Porto di Palinuro, Tel. 0974938294.

◆ Da Alessandro, Porto di Palinuro, Tel. 0974931083, Mobil 3476540931.

◆ Da Artemio, Porto di Palinuro, Tel. 0974931133.

◆ Nino e Antocco, Arco Naturale, Mobil 368685401, 3393578700.

Tauchen

◆ Diving Center Arco Naturale, c/o Camping „Arco Naturale", Tel. 0974931157, Fax 0974931975, www.arconaturaleclub.com. Von Mitte Juni bis Mitte September Unterricht und Törns für erfahrene Taucher. Ausrüstung kann gestellt werden.

◆ Palinuro Sub Diving Center, c/o Hotel „La Torre", Via Porto 5, Tel./Fax 0974938509, Mobil 3355495606, 336706671, www.palinurosub.it. Die Tauchschule von Fabio Barbieri, dem Entdecker der Meeresgrotten von Palinuro, besteht seit 1983. Von Ostern bis Oktober Unterricht nach PADI- bzw. CMAS-Richtlinien auf Italienisch und Englisch. Kurse in Meeresspeleologie, Meeresbiologie und Unterwasserfotografie. Ausrüstung kann gestellt werden, Flaschenservice.

Buchtipps

Rod Heikell:
Küstenhandbuch Italien.
Ventimiglia-Brindisi. Mit Sardinien, Sizilien und Malta. Edition Maritim, Hamburg, 2004. Für Segler ein unentbehrlicher Begleiter! Präzise Angaben zu Ansteuerungen, Ankerbuchten, Liegeplätzen, Versorgungs- und Service-Einrichtungen. Farbfotos und detaillierte Hafenpläne.

Robert Hofrichter (Hg.):
Das Mittelmeer.
Spektrum Akademischer Verlag, Heidelberg, 2001–03. Unverzichtbare Handbücher für den ambitionierten Strandläufer und Taucher. Hochinformativ, packend zu lesen und hervorragend illustriert!

Marina di Camerota

Ein kilometerlanger Sandstrand erstreckt sich von der Mündung des Mingardo bis zum Capo Grosso im Westen von Marina di Camerota. Von den Parkbuchten an der SS 562 führen kurze Treppenwege zum Strand. Ein paar Campingplätze und Ferienclubs nutzen die Gunst der Lage. Unmittelbar westlich von Marina di Camerota liegt die schöne Calanca-Bucht, im Osten der herrlich breite familienfreundliche Sandstrand Lentiscelle. Die schönen Kiesbuchten an der Costa degli Infreschi lassen sich mit dem Boot oder auf einer Wanderung zu Fuß erreichen (siehe Wanderung 18).

Bootsausflüge

◆ Associazione dei Pescatori „Monte

di Luna", Info-Kiosk am Hafen, Mobil 3496481827, 3474182402 (Ciro Cammarano). Mit Booten unterschiedlicher Größe – die schlanken gozzi dringen bis in die Meeresgrotten – Ausflüge zur Baia degli Infreschi oder ans Capo Palinuro, Badestopps unterwegs. „Monte di Luna" organisiert auch Pescaturismo und Wanderungen zur Baia degli Infreschi mit anschließender Rückfahrt im Boot.

◆ Associazione Posidonia, Info-Kiosk am Hafen. Gerardo Balbi (Mobil 3484723086) unternimmt Bootstouren mit seinem Schiff „Antonia" und arbeitet mit Salvatore Calicchio zusammen, der naturkundlich geführte Wanderungen anbietet (siehe „Wandern").

◆ Cooperativa Cilento Mare, Info-Kiosk am Hafen, Tel./Fax 0974932978, Mobil 3398877990, www.cilentomare.com. Flotte moderne Boote, Touren zum Porto degli Infreschi oder in Richtung Palinuro. Kombinierte Wander- und Bootsausflüge. Im Sommer nächtliche Bootsausflüge mit Fischern (lamparata).

Tauchen

◆ Continente Blu, Info-Kiosk am Hafen, Mobil 33889975712, 3381084888. In Zusammenarbeit mit der Cooperativa Cilento Mare (s. o.) Tauchausflüge zwischen Capo Palinuro und Porto degli Infreschi.

◆ Diving Center Marina di Camerota, Lungomare Trieste 29, Tel./Fax 0974932605, Mobil 3331521015, 3398181650, www.divingcamerota.it. Kurse und Tauchausflüge von Ostern bis Oktober.

Scario

Scario hat selbst kaum Strände, die Felsen reichen bis ans Meer. Im Sommer pendeln daher regelmäßig Boote zu den Badebuchten im Westen, die sich entlang der Steilküste in Richtung Punta degli Infreschi öffnen.

Bootsausflüge

◆ Cooperativa Masseta, Lungomare Marconi, Tel./Fax 0974986222, Mobil 368632042 (Guerino D'Andrea). Von Anfang Juni bis Ende September pendeln bei gutem Wetter mehrmals täglich Holzschiffe zwischen dem Hafen von Scario und den Badebuchten an der Costa Masseta. Bootsausflüge mit Fischfang.

Strand zwischen Arco Naturale und Marina di Camerota.

Mit dem Kajak auf dem Calore

Der waldreiche Cilento ist zugleich eines der wasserreichsten Gebiete Süditaliens und damit ein wichtiges Trinkwasserreservoir für die Region Kampanien. Bussento, Calore und Sele führen das ganze Jahr über Wasser, die Oberläufe sind intakte Ökosysteme, in denen selten gewordene Fischotter zu Hause sind. Der Calore bildet auf seinem Lauf fünf spektakuläre Schluchten, die schönste in der Nähe von Felitto (siehe Wanderung 8). Im Abschnitt zwischen Laurino und Felitto ist der Calore ein anspruchsvolles Wildwasserrevier. Einige Tage nach starkem Regen, wenn der Fluss immer noch hoch, aber wieder klar ist, herrschen die besten Bedingungen. Ruhiger fließt der Calore unterhalb der mittelalterlichen Brücke von Felitto dahin. Auch wenn das Tal sich jetzt weitet, bleibt die Landschaft beeindruckend schön.

◆ Vienna Cammarota, Via Starza, 84055 Felitto, Tel. 0828945647 (priv.), Tel. 0828945028 (Comune di Fellito), Mobil 3384481237, vienna.c@tiscali.it. Geführte Kajaktouren auf dem Calore und Wanderungen in der Schlucht. Vienna, die auch deutsch spricht, ist Mitglied im Verband der G.A.E. (Guide Ambientaliste Escursioniste) und kennt den Calore in- und auswendig. Sie selbst besitzt vier Kajaks und begleitet erfahrene Kajak-fahrer, aber auch Anfänger auf ihrem Lieblingsfluss. Helme können gestellt werden, Neopren-Anzüge und eventuell eigene Kajaks muss man mitbringen. Vienna kann den Transport organisieren, ein eigenes Fahrzeug erleichtert die Sache allerdings. Die Kosten betragen in den Abschnitten Laurino – Ponte di Magliano bzw. Ponte di Magliano – Felitto jeweils ca. 70 Euro p. P., im längeren und auch für Anfänger geeigneten Abschnitt Felitto – Ponte di Castelcivita ca. 150 Euro inkl. eines Essens.

Kajakfahren kann man auch entlang der grottenreichen Küste – im Bild die „Blaue Grotte" am Capo Palinuro.

Den Cilento aus der Sattel-Perspektive erleben

Die Küsten und Berge des Cilento aus dem Sattel zu erleben, setzt etwas Reiterfahrung und Kondition voraus, ist aber ein seltenes Vergnügen. Wie wäre es beispielsweise mit einem Ritt im Vollmondschein über den Strand oder Pferdewandern mit Biwak-Übernachtung? Es empfiehlt sich auch aus Sicherheitsgründen, immer in Begleitung unterwegs zu sein; und nur so lernt man die schönsten Wege kennen. Viel Spaß hat man beim Ausritt in einer italienischen Gruppe. Deutsche Pünktlichkeit gehört zwar nicht zu den vorherrschenden Tugenden, wird aber mehr als wettgemacht durch kameradschaftliche Hilfsbereitschaft und gute Laune unterwegs. Auch die Reitställe entsprechen nicht immer mitteleuropäischen Standards, die Tiere sind allerdings gut gepflegt und Sattel und Zaumzeug in Schuss. Bei längeren Ausritten wird meist dem amerikanischen Sattel der Vorzug gegeben.

Casalbuono

◆ Associazione Sportiva Trekking Horse – Vallo di Diano, Località Bagnoli, Tel. 0975862043, Mobil 3292083603. Von April bis Ende September organisiert Alfonso Consalvo in kleinen Gruppen Reitausflüge im Vallo di Diano und in Richtung Monte Cervati. Ein bisschen Erfahrung sollte man mitbringen, vor allem für die mehrtägigen Ausritte.

Casal Velino

◆ I Moresani, Località Moresani, Tel./Fax 0974902086, Tel. 0974907542 (priv.), Mobil 3285317504. November und

Dezember geschl. Von seinem schönen Agriturismo in den Hügeln bei Casal Velino bricht Gino Fedullo zu Reitausflügen in die Umgebung auf (siehe Wanderung 6). Auf dem Hof kann man auch reiten lernen. Als recht sanft erweisen sich die Persano-Pferde, eine der lokalen Rassen.

Montecórice

◆ Leucosia, Via San Donato, Località Giuncatelle, Tel./Fax 0974969999, Mobil 3383247125. Arturo Lamanna kennt den Cilento aus Sattel-Perspektive wie kaum ein anderer. Begleitete Tagesausritte zur Punta Tresino (siehe Wanderung 2), zur Punta Licosa (siehe Wanderungen 3, 4) und auf den Monte Stella (siehe Wanderung 5). Arturo organisiert auch mehrtägiges Pferdewandern, z. B. in die Monti Alburni.

Palinuro

◆ Isca delle Donne, Via Isca delle Donne, Tel. 0974931826. Vincenzo Merola, der am Fuße des Molpa-Hügels einen Agriturismo führt (siehe „Essen und Trinken"), begleitet nicht nur seine Übernachtungsgäste auf Ausritten in die Umgebung. Bei kurzen ersten Ausritten erreicht man z. B. den Strand am Arco Naturale. Längere Reitausflüge, auch mit Biwak-Übernachtung, führen durch die Täler des Lambro und Mingardo ins Hinterland.

Paestum und Capri aus der Luft

Die Tempel von Paestum aus der Adlerperspektive erleben! Eine der Top-Locations für Drachen- und Gleitschirmflieger in Süditalien liegt nur wenige Autominuten von den antiken Tempeln von Paestum entfernt. Am langen Bergrücken, der sich vom Monte Capáccio Vecchio (siehe Wanderung 1) über den Monte Soprano bis zum Monte Vesolo zieht, entwickelt sich tagsüber ein starker Aufwind aus S-SW-Richtung. Wenige Minuten nach dem Start erreicht man Höhen von 650–700 m, in Ausnahmefällen auch über 1.000 m. Man kann stundenlang in der Luft bleiben und genießt dabei von oben den Blick auf die Tempel von Paestum und weit über den Golf von Salerno auf die Amalfitana und Capri; im Landesinneren sind die Berge des Cilento zu sehen.

Die Startplätze für Drachen- und Gleitschirmflieger lassen sich zu Fuß vom Parkplatz am Santuario Madonna del Granato aus erreichen. Auf dem Parkplatz bzw. am Landeplatz, der am Fuße des Santuario in Nähe des Ristorante „Le Trabe" in der Località Capo di Fiume liegt, bekommt man schnell Kontakt zu anderen Drachen- und Gleitschirmfliegern. Die Mitglieder des No Limits Club Paestum sind sehr hilfsbereit und Neuankömmlingen gegenüber aufgeschlossen. Wer über eine eigene Ausrüstung und Erfahrung verfügt, erhält gute Tipps, braucht aber nichts zu zahlen.

◆ No Limits Club Paestum, Via San Leonardo 210, Salerno, Tel. 089301131, Mobil 3389547560 (Aurelio Perillo), 3381067156 (Raimondo Palazzo). Unterricht im Gleitschirmfliegen und touristische Flüge in Zweisitzern und Ultraleichtflugzeugen.

◆ www.terra-aria.it/capaccio: Auf der italienischen Internetseite finden sich alle wichtigen technischen Hinweise zum Fliegen bei Capáccio sowie Fotos, auf denen die Start- und Landeplätze eingezeichnet sind.

Eindrucksvoller Formenreichtum

Schlechtwetteralternative gesucht? In Höhlen regnet es nicht und die Temperaturen sind meist konstant. Allenfalls tropft es von der Felsdecke, und die steten Tropfen haben im Lauf von Jahrmilionen den fantasiebeflügelnden Formenreichtum der Stalagtiten und Stalagmiten geschaffen.

Die dolomitischen Monti Alburni prägen unzählige Karstphänomene, die spektakulärsten sind sicher die Höhlen von Castelcívita im Valle del Calore und die nördlich des Vallo di Diano gelegene Grotta di Pertosa. Eindrucksvolle Karsterscheinungen des Cilento sind auch die großen Dolinen am Monte Cervati (siehe Wanderung 11) oder unheimliche Schlucklöcher wie die Grava del Vesalo (siehe Wanderung 10). Der Bussento, der bei Caselle in Pittari in einem gigantischen Schluckloch verschwindet, taucht bei Morigerati in einem Canyon plötzlich wieder auf (siehe Radtour 10). Karstprozessen verdanken auch die Meeresgrotten am Capo Palinuro und an der Costa degli Infreschi ihre Entstehung. Auf einer Bootsfahrt erlebt man die zauberhaften Lichtreflexe (siehe Kapitel „Am Meer“).

Grotta di Pertosa: Steter Tropfen bildet Stalagtiten und Stalagmiten in fantastischer Gestalt.

Castelcívita

Das freundliche Mittelalter-Städtchen liegt auf einem sonnenverwöhnten Plateau an den südlichen Abhängen der Alburni. Unterhalb des Ortes versteckt sich im Calore-Tal der Eingang ins ausgedehnte Grottenreich. Prachtvoller noch als in der Grotta di Pertosa ist hier die Fülle der zauberhaften Tropfsteinformationen. Der unterirdische Rundgang erstreckt sich über mehrere Kilometer. Nicht weit vom Grotteneingang führt eine römische Brücke über den Calore (siehe „Kajakfahren“). Spartakus soll hier mit seinem Sklavenheer vorbeigezogen sein, vielleicht hat er die Grotte als Versteck genutzt. Auf dem westlichen Flussufer liegt ein schöner Picknickplatz.

◆ Grotte di Castelcívita, Località Grotta, Tel. 0828975524, www.grottedicastelcivita.it. Mitte März bis Ende September Führungen um 10, 11, 12, 13, 14.30, 15.30, 16.30, 17.30 und 18.30 Uhr; Oktober bis Mitte März 10.30, 12, 14.30 und 16 Uhr. Eintritt 6,70 Euro, ermäßigt 5,40 Euro. Speleologiekurs für Amateure 20 Euro.

Pertosa

Vor über 35 Millionen Jahren hat ein unterirdischer Fluss die großen Kavernen ausgespült (pertosa, im Dialekt „Loch"), seither formt sich die märchenhafte Welt aus Tropfstein. Bereits in der Steinzeit bewohnt, wurde die Höhle in der Antike als Orakel und Heiligtum genutzt. Archäologische Funde deuten auf Fruchtbarkeitsriten hin. Das Christentum exorzierte das „Böse" und weihte die Grotte dem Erzengel Michael, daher auch Grotta dell'Angelo oder Grotta di S. Michele. Der auf 2,5 km Länge erforschte Höhlenkomplex ist als Touristenattraktion bestens erschlossen. Aus dem Höhleneingang mit Michaelsaltar werden die Besucher in Booten über einen unterirdischen See in das Innere des Berges gezogen. Aus der ersten riesigen Kaverne verzweigen sich die Wege, die man in Begleitung von Führern betritt. Der eigenen Fantasie sind beim Betrachten der Tropfsteingebilde keine Grenzen gesetzt.

◆ Grotta di Pertosa, Contrada Muraglione, Tel. 0975397037, www.grottedellangelo.sa.it. März bis Ende Oktober tägl. 9–19 Uhr, November bis Februar tägl. 9–16 Uhr. Kurzer Rundgang 10 Euro, ermäßigt 8 Euro; langer Rundgang 15 Euro, ermäßigt 10 Euro. Die Temperatur in der Grotte beträgt konstante 16° C!

In Sant'Angelo a Fasanella wird der Hl. Michael in einer Grotte verehrt. Ihm ist am 8. Mai ein großes Fest geweiht.

An- und Weiterreise

... mit dem Auto

Die Entfernung München – Marina di Camerota beträgt 1.285 km, die Strecke ist nur mit einer Zwischenübernachtung zu bewältigen. Nerven- aber nicht unbedingt finanzschonend ist der Sprung über die Alpen im Autoreisezug (s. u.). Der Cilento ist von Neapel aus am schnellsten über Salerno auf der A 3 und die Ausfahrt „Battipaglia" zu erreichen. Als Schnellstraße führt die neue SS 18 über Paestum und Agropoli, vorbei an Vallo della Lucania, durch das Landesinnere an den Golf von Policastro. Die A 3 führt nordöstlich der Monti Alburni durch das Vallo di Diano, auch hier zweigen mehrere Staatsstraßen in den Cilento ab. Als kurvenreicher Hochgenuss führt die SS 267 bzw. südlich Velia die SS 447 an der Cilento-Küste entlang.

... mit der Bahn

Ab München täglich durchgehender Nachtzug mit Schlaf- und Liegewagen bis Neapel. Nachtzüge auch aus der Schweiz und Österreich bis Mailand, Rom bzw. Florenz (www.bahn.de, www.bahn.de/bahnundbike, www.nachtzugreisen.de, www.oebb.at, www.sbb.ch, www.trenitalia.it). Autoreisezüge von Mai bis Ende September von München nach Neapel bzw. von Berlin, Düsseldorf, Frankfurt a. M. und Hamburg nach Verona (www.db-autozug.de). Kompetente Beratung und beste Preise bietet die Bahnagentur Titanic-Reisen (Oppelner Str. 7, 10997 Berlin, Tel. (030) 61129797, Fax (030) 6188040, www.kopfbahnhof-berlin.de). Züge von Neapel über Salerno Richtung Reggio di Calabria passieren die Cilento-Küste und machen regelmäßig Halt u. a. in Ascea, Pisciotta und Centola (unweit von Palinuro und Marina di Camerota). Für Unterkünfte im nördlichen Cilento empfiehlt sich die Weiterfahrt ab Bahnhof Salerno oder Agropoli-Castellabate mit dem Bus.

... mit dem Bus

Fast alle Orte im Cilento sind mit Linienbussen zu erreichen. CSTP (Tel. 089487111, www.cstp.it) aus Salerno (Piazza della Concordia) über Paestum nach Agrópoli, S. Maria di Castellabate, Acciaroli, Póllica, Vallo della Lucania; SITA (Tel. 089226604, www.sita-online.it) aus Salerno – Piazza della Concordia über Capáccio Scalo nach Agrópoli. Infante (Tel. 0974932938, www.agenziainfantev iaggi.it) zwischen Pisciotta, Palinuro, Marina di Camerota, Camerota, San Giovanni a Piro und Scario.

... mit dem Flugzeug

Auf dem internationalen Flughafen Neapel landen Linien-, Charter- und Low-Cost-Flieger aus Österreich, Deutschland und der Schweiz. Internationale Autovermieter sind hier mit ihren Agenturen vertreten. Der blaue Alibus (Tickets zu 1,60 Euro im Bus) und gelbe ANM-Busse (Tickets zu 0,80 Euro am Kiosk) der Linie 3 S fahren regelmäßig zur Piazza Garibaldi (Hauptbahnhof) in die Stadt.

... mit dem Schiff

Zwischen Juni und September Fährverbindungen zwischen Neapel, Salerno und den Hafenorten im Cilento (Callcenter 199-446644, www.metrodelmare.it).

Einkaufen

Engagierte Produzenten beweisen, dass Landwirtschaft und Nationalpark eine fruchtbare Symbiose bilden. Im Folgenden einige Adressen, um den Urlaub zu Hause kulinarisch fortsetzen zu können:

Ascea (Frazione Terradura)

◆ Le Favate, Località Le Favate, Tel. 0974977310. März bis Ende Oktober. Elvira Licusati, Besitzerin des charmanten Agriturismo, verkauft Olivenöl, Wein, Ziegenkäse und Honig bester Qualität ab Hof.

Capáccio Scalo

◆ Azienda Biologica Vanullo, Via G. Galilei 10 (SS 18 wenige km nördlich Paestum), Tel. 0828724765, www.vanullo.it. Am Nachmittag ist die Mozzarella meist ausverkauft. Mozzarella und Joghurt aus biologisch erzeugter Büffelmilch.

Gioi

◆ Aria del Campo, Via Acqua del Salice 3, Tel. 0974991285, Mobil 3386783741. Familienunternehmen, nach 14 Uhr geöffnet. Hier gibt es die berühmte soppressata von Gioi, eine lang gereifte Schweinesalami mit dem markanten Speckstück in der Mitte.

Marina di Casal Velino

◆ La Dispensa di Teodora, Via Lista 5 (in Hafennähe), Tel. 0974907950, Mobil 3293175487, www.ladispensdi teodora.com. Im Sommer tägl. 10–13 und 16.30–22 Uhr; im Winterhalbjahr 10.30–12.30 und 17–19 Uhr, Mo geschl. Pino Schiavo führt ausschließlich Cilento-Produkte: Feigen-Mustaccioli, Marmeladen, sott'olii, Olivenöl u. v. m. Im Sommer Weindegustationen.

Prignano Cilento

◆ De Conciliis, Località Querce 1, Tel. 0974831090, www.viticoltorideconciliis.it. Mo bis Sa 9–13 und 14–17 Uhr. Das vielfach ausgezeichnete Familienunternehmen („Drei Gläser" für Naima '01!) hat sich auf autochthone Cilento-Reben spezialisiert. Dabei setzen die jungen engagierten Winzer nicht auf hohe Erträge, sondern auf Qualität. In einem Raum mit grob gezimmerten Holztischen kann man nach telefonischer Vorbestellung Wein verkosten, dazu werden lokaler Käse und Würste gereicht. Auch Olio Extra Vergine d'Oliva.

Roscigno

◆ Agrioil, Contrada Cerreto, Tel. 0828963086, Fax 0828963436, www.agrioil.it. Mo bis Sa 8–12.30 und 14.30–18.30 Uhr. Olio Extra Vergine di Oliva D. O. P. und biologisches Olivenöl.

Buchtipp

Peter Amann: *Golf von Neapel, Kampanien, Cilento.* Reise Know How, Bielefeld 2004² (552 S.). Mit soliden Hintergrundinformationen, praktischen Reisetipps, detaillierten Unterkunfts- und Restaurantempfehlungen die ideale Ergänzung zum vorliegenden Aktiv-Reiseführer! „Reichhaltiger Führer zu den klassischen, von Einzel- und Pauschalreisenden viel besuchten Zielen Neapel mit Vesuv, den Inseln und Küstenebenen; darüber hinaus auf fast einem Viertel der Seiten das von den meisten Autoren ausgesparte bäuerliche Hinterland und die wilden unberührten Berglandschaften des Cilento und Caserta, Benevent und Avellino. (...) breit verwendbar und nachdrücklich empfohlen" (ekz-Informationsdienst).

S. Marco di Castellabate

◆ Luigi Maffini, Località Cenito (km 23,600 der SS 267), Tel. 0974966345. Mo bis Fr 8.30–12.30 und 16–19 Uhr. Ein weiterer Spitzenwinzer des Cilento.

San Mauro Cilento

◆ Cooperativa Agricola Nuovo Cilento, Casal Sottano, Tel. 0974903239, www.cilentoverde.com. Tägl. 8–17 Uhr. In Rum eingelegte Feigen. Olio Extra Vergine d'Oliva D.O.P. und biologisches Olivenöl, ein Großabnehmer ist die englische Kosmetikfirma Body Shop. Das Restaurant „Al Frantoio" im gleichen Gebäude ist absolut zu empfehlen (siehe unten)!

Essen und Trinken

Acquavena di Roccagloriosa

◆ U Trappitu, Via del Mare 51, Tel. 0974980167. Tägl. mittags und abends, Mo Ruhetag. Ein „Geheimtipp" der Einheimischen im Landesinneren. Zu den Spezialitäten zählen hausgemachte Pasta und Grillfleisch. Gehobene cilentanische Küche.

Bosco (S. Giovanni a Piro)

◆ Romeo, Frazione Bosco, Tel. 0974980004. Gemütliches Restaurant, das Pasta variantenreich und Fleisch in kräftigen Portionen serviert. Der sympathische Wirt Romeo Januzzi, der auch deutsch spricht, begleitet seine Gäste auf schönen Wanderungen in die Umgebung.

Caprioli

◆ Agriturismo Valle di Marco, Via del Commercio, Contrada Valle Marco (an der SS 447 auf halber Strecke zwischen Pisciotta und Palinuro), Tel. 0974976142. Tägl. mittags und abends. Festes Menü. Traditionelle Küche, frisch zubereitete Antipasti und leckere Pasta.

Castellabate

◆ Cantina Belvedere, Tel. 0974967030, Mobil 3387028182. Ostern bis Oktober tägl. mittags und abends, ansonsten Fr und Sa Abend. Toller Blick auf den Golf von Salerno und köstliche, fast alleine satt machende Antipasti-Teller. Gehobene Fischküche. Auf pesce fresco versteht sich Fioravante Lembo, er ist Sporttaucher.

Felitto

◆ Remolino, Località Remolino, Tel. 0828945360. Tägl. mittags und abends. Mo Ruhetag, November geschl. Die Wanderung in der Calore-Schlucht lässt sich mit dem Besuch dieser freundlichen Trattoria verbinden. Hier werden die berühmten fusilli (handgemachte Makkaroni) aufgetischt, ansonsten gibt es Brathähnchen aus eigener Aufzucht und kräftigen offenen Wein. Bei gutem Wetter sitzt man im Freien.

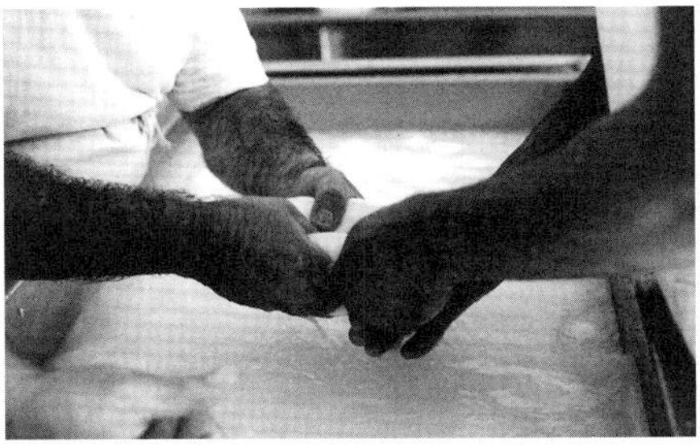

Faustgroße Mozzarella-Stücke werden vom heißen Frischkäselaib abgerissen, daher auch der Name: Mozzare bedeutet abzupfen.

Marina di Camerota

◆ Cantina del Marchese, Via del Marchese 15, Tel. 0974932570, www.lacantinadelmarchese.it. Juli und August tägl. mittags und abends, Juni und Sept. tägl. abends, ansonsten nur Sa und So Mittag. Die urige Osteria in Hafennähe ist einer der kulinarischen Pfeiler des Cilento. Als Tischdecken dienen Papierservietten, auf denen die Spezialitäten des Hauses ab-

In der Cantina del Marchese türmen sich die rustikalen Antipasti-Teller.

gedruckt sind. Großartige Antipasti. Guter Landwein aus irdenen Bechern.

◆ Ristorante da Brera, Via Sant Alfonso 29, Tel. 0974939086. Mitte März bis Ende Okt. tägl. mittags und abends. Seit über 30 Jahren serviert Nici da Brera in seinem Garten-Restaurant solide cilentanische Fisch- wie Fleischküche, sein coniglio ripieno (Kaninchen) sollte man kosten. Von der deutschen Speisekarte und dem darauf angebotenen Wiener Schnitzel nicht beirren lassen. Freundlicher Service.

◆ U´Sciavichiello, Via Punta III., Tel. 0974932098. Tägl. mittags und abends, im Winter Di Ruhetag. Ristorante in schöner Lage direkt über dem Meer. Exquisite, nicht ganz billige Fischküche. Als Spezialität die ravioli di pesce kosten! Günstiger und auch sehr lecker sind die Pizze.

Morigerati

◆ Al Castello, Piazza Piano La Porta 3–4, Tel. 0974982085. Das Restaurant der Familie Florenzano in der Ortsmitte ist immer geöffnet, da zu dem Lokal noch eine Bar nebst Lotto-Annahmestelle gehört. Kräftige Bauernküche und Pilzgerichte in den Gewölben des ehemaligen Baronalspalastes.

Ogliastro Marina

◆ Da Carmine, Tel. 0974963023. März bis Oktober tägl. mittags und abends. Das freundliche kleine Familienhotel (buchbar über Cilentano, s. unten) direkt am Strand ist als Restaurant seit 1965 ein Garant für ehrliche Fischküche zu fairen Preisen. Auch überraschend gute Pasta-Gerichte und ein köstlicher Zitronenkuchen!

Paestum

◆ Enoteca Tavernelle, Via Tavernelle 14, Tel. 0828722440. Winziger Gourmettempel wenige Schritte außerhalb der nördlichen Stadtmauer des antiken Paestum. Raffinierte cucina di terra e di mare.

Palinuro

◆ Isca delle Donne, Località Isca delle Donne (von der SS 562 auf Höhe des Ristorante Dalino Richtung Meer abbiegen), Tel. 0974931826. Tägl. mittags und abends, in der Nebensaison So Abend geschl. Agriturismo in geschmackvoll restauriertem Steinhaus am Fuße des Monte Molpa. Delikate Gemüseküche mit frischen Hofprodukten. Kinderspielplatz, viele Tiere.

Pioppi

◆ La Caupona, Via Caracciolo (SS 267), Tel. 0974905251. Mitte Juni bis Mitte Sept. tägl. mittags und abends, sonst nur Sa und So. Einfache und schmackhafte Cilento-Küche zu fairen Preisen in der Nähe des Stadtparks am Lungomare.

Pisciotta – Marina di Pisciotta

◆ D'Angiolina, Via Passariello 2, Marina di Pisciotta, Tel. 0974973188. April bis Oktober tägl. mittags und abends. Rinaldo Merolas Gartenlokal am Lungomare, 1960 von seiner Mutter Angiolina ins Leben gerufen, ist der ideale Platz, um die lokale Spezialität alici di menaide zu probieren. Fisch und Gemüse regieren gleichermaßen prominent.

◆ Tre Gufi, Via Roma, Tel. 0974973042. Ostern bis Ende Okt. ab 19.30 Uhr, Juni bis Sept. auch mittags und abends, sonst nur abends; Nov. bis März nur Sa und So.

Traditionelle Bauernküche, Pizza und frischer Fisch. Mario Caramutas Bar-Gelateria-Pizzeria liegt im Herzen des autofreien Pisciotta zu Füßen des Palazzo Marchesale, von der Terrasse ein fantastischer Blick aufs Meer.

Póllica

◆ La Torre del Pelicano, Salita Mazziotti, Tel. 0974981303. Tägl. mittags und abends. Mo Ruhetag. Paola Visone, die oberhalb Acciaroli einen Agriturismo betreibt, hat dieses winzige Lokal zu Füßen des imposanten Kastells eröffnet. Leckere Kleinigkeiten aus der traditionellen cucina cilentana und Pizza.

San Mauro Cilento

◆ Al Frantoio, Casal Sottano, Tel. 0974903243. Juni bis September tägl. mittags und abends; Oktober bis Mai Fr abends, Sa und So mittags und abends. Der Name „Laboratorio di Ricerca della Cucina del Cilento Antico" ist Programm. Im großen Saal mit Cotto-Boden und Holztischen werden zu absolut fairen Preisen Speisen der traditionellen bäuerlichen Küche serviert, einfache und schmackhafte Gerichte wie aquasale (hartes, in Salzwasser getränktes Brot mit Olivenöl und Tomaten) oder ciambotta (deftiger Eintopf aus Auberginen, Peperoni, Zwiebeln und Kartoffeln). Guter Hauswein. Das Lokal ist ein Ableger der Olivenölmühle Cooperativa Agricola Nuovo Cilento (s. o.).

Santa Maria di Castellabate

◆ La Taverna del Pescatore, Via Lamia, Tel. 0974968293. März bis November tägl. mittags und abends. Mo Ruhetag. Eines der besten Fischrestaurants im weiten Umkreis. Edel-rustikal das Ambiente, raffiniert die Zubereitung und Präsentation der Speisen. Im Norden des Zentrums, eigener Parkplatz.

◆ Mirage, Via Pozillo (Zufahrt von der SS 267 bzw. über den Strand zu Fuß), Tel. 0974961496. Anfang Mai bis Ende September tägl. von früh bis spät. Sympathische Strandbar, das Ristorante öffnet außerhalb der Saison nur mittags. Kleinigkeiten wie Panini, Salate, hausgemachte Pasta und gegrillte Sardinen. Auch Liegen und Sonnenschirme am Strand.

Scario

◆ Lo Scoglio, Piazza Faro 12/A, Tel. 0974986138. Ostern bis Mitte Oktober tägl. mittags und abends. Das Ristorante am Ende der Hafenpromenade ist für seine Fischspezialitäten bekannt, Terrasse mit Meerblick. Sandro di Mauro ist bei der Vermittlung von Bootsausflügen behilflich.

Valle dell'Angelo

◆ Osteria La Piazzetta, Piazza Canonico Januzzi 2, Tel. 0974942008. Angelo Coccaro und Giuseppe Damico, die gemeinsam auch eine einfache aber herzliche Herberge betreiben, servieren in dem winzigen Lokal beste lokale Küche zu günstigen Preisen.

Frischer Fisch kommt in vielen Lokalen auf den Tisch.

Vallo della Lucania

◆ Trattoria Nella, Piazza Vittorio Emanuele 35, Tel. 0974722448. Touristen verirren sich nur selten in diese urige Familientrattoria in einer Seitengasse der Hauptpiazza. Traditionelle Landküche und hausgemachter vino rosso.

Information

◆ ENIT, www.enit.it. Außerhalb Italiens erteilt das Staatliche Italienische Fremdenverkehrsamt touristische Auskünfte. Gebührenfreie Servicenummer zur Prospektbestellung in Österreich, Deutschland und der Schweiz: 0080000482542.

◆ EPT, Via Velia 15, I-84125 Salerno, Tel. 089230411, Fax 089251844, www.salernocity.com. Touristenamt der Provinz Salerno. Freundliches Info-Büro an der Piazza Vittorio Veneto vor dem Bahnhof. Unterkunftsverzeichnisse.

◆ Parco Nazionale del Cilento e Vallo di Diano, Via Palumbo 16, I-84078 Vallo della Lucania, Tel. 0974719911, Fax 09747199217, info@pncvd.it, www.pncvd.it. Verwaltung und Info. Das Material des Nationalparks liegt in allen Touristenbüros aus.

Internet

◆ www.cilento-aktiv.info: Aktuelle Informationen zu diesem Reiseführer. Teilen Sie Ihre Reiseerfahrungen und Cilento-Tipps hier auch anderen Lesern mit!

◆ www.cilento-nationalpark.de: Eine informative Seite rund um den Nationalpark Cilento.

Reisewetter/ Reisezeit

Mit mildem Mittelmeerklima und Blütenpracht lockt der Cilento bereits ab März, wenn auch noch mit gelegentlichen Schauern zu rechnen ist und man über eine Unterkunft mit funktionierender Heizung froh ist. Mai bis Mitte Juli ist eine ideale Reisezeit, das Meer erreicht Badetemperaturen, aber die Strände sind noch völlig leer. Auch im Sommer sorgen Meeresnähe bzw. höhere Berglagen für angenehmes

Mildes Mittelmeerklima im Cilento

Capo Palinuro 184 m

	Jan.	Feb.	März	April	Mai	Juni	Juli	Aug.	Sep.	Okt.	Nov.	Dez.
mittl. Temp. °C	10,5	10,6	11,7	13,5	17,6	21,5	23.7	24.3	21.6	17.6	13.8	11.7
mm Regen	94,6	87,2	72,8	68,7	41,5	14,9	14.8	30.7	73.6	104.6	111.4	68.4
Tage mit Niederschlag	10,7	9,4	8,8	9,5	5,7	2.6	2.2	3.1	5.8	9.0	10.0	9.3
Sonnenscheindauer h	5	6	7	7	9	11	11	10	8	7	5	4
Wassertemp. °C	13	13	15	15	18	23	25	27	25	23	19	15

Piaggine 710 m

	Jan.	Feb.	März	April	Mai	Juni	Juli	Aug.	Sep.	Okt.	Nov.	Dez.
mittl. Temp. °C	8.1	9.4	10.8	11.2	15.6	18.2	22.2	22.3	20.5	16.6	14.3	11.5
mm Regen	182.8	152.6	117.8	174.5	78.0	52.5	50.5	59.6	101.0	142.6	241.0	150.4
Tage mit Niederschlag	10.8	10.0	9.8	13.0	6.7	6.7	3.4	7.4	6.4	9.7	9.7	11.0

Klima. Morgens bläst eine frische Brise von der Küste ins Landesinnere, abends weht der Wind in umgekehrter Richtung. Im italienischen Ferienmonat August ist mit großem Ansturm zu rechnen, Temperaturen und Preise erreichen den Höchststand. Kenner kehren ab Mitte September zurück und genießen die Zeit bis Anfang November. Inzwischen ist wieder mit Niederschlägen zu rechen. Das Meer hält immer noch Badetemperaturen, und man kann herrlich wandern und radfahren. Im Winter bleiben die höheren Berge wochenlang von Schnee bedeckt und selbst an der Küste nähert sich das Thermometer gelegentlich der 0°C-Grenze. Dank des hohen Sonnenstandes sind die Tage viel heller als nördlich der Alpen.

◆ Reisewetter im Internet: www.meteo.it, www.tempoitalia.it, www.wetteronline.de, www.wetter.net.

Sprache

◆ Pisciotta Lingua, Piazza Raffaele 6, I-84066 Pisciotta, Tel. 0974973864 (priv.), Fax 0974970814, Mobil 3393997256 (Rossana Motagna), www.pisciottalingua.it. Mauro Di Matteo und Rossano Montagna organisieren von Ende Juni bis Anfang September Sprachkurse in einem der nettesten Cilento-Städtchen.

Unterkunft

Der Cilento ist von den „Segnungen" des Massentourismus verschont geblieben. Die Gesetze zum Schutze des Nationalparks werden hoffentlich auch künftig solchen Entwicklungen einen Riegel vorschieben. Das größte Hotelangebot konzentriert sich am Meer bei Paestum, Santa Maria di Castellabate, Palinuro und in Marina di Camerota. Einige der kleinen familiengeführten Hotels, auch solche im Landesinneren, bleiben ganzjährig geöffnet. Die einzige offizielle Jugendherberge des Cilento befindet sich in Agrópoli. Campingplätze, die meisten mit einer nur kurzen Sommersaison, finden sich an der Küste um Paestum, bei Santa Maria di Castellabate und landschaftlich am reizvollsten zwischen Palinuro und Marina di Camerota. Bed&Breakfast-Unterkünfte und Agriturismi sind ideal, um den Cilento und seine gastfreundlichen Bewohner kennen zu lernen, Ferienwohnungen bieten Platz

Landgut Isca delle Donne: Agriturismo heißt auch im Cilento der neue Trend.

auch für ganze Familien. Die Suche nach einer geeigneten Ferienwohnung kann sich allerdings als zeitintensiv erweisen. Viele der häufig angebotenen Ferienhäuser und -wohnungen entsprechen in punkto Ausstattung und Ambiente nicht immer romantischen Vorstellungen vom Urlaub.

◆ Cilentano: Vermittlung von persönlich ausgesuchten Ferienhäusern, Ferienwohnungen, Landgütern und familiären Hotels. Cilentano, Mitglied im forum anders reisen, engagiert sich seit Jahren vor Ort für einen umweltfreundlichen und nachhaltigen Tourismus im respektvollen Kontakt mit den Einheimischen. Malergasse 7, D-93047 Regensburg, Tel. (0941) 567646-0, Fax (0941) 56746-1, www.cilento-ferien.de.

Italienisch für Wanderer

Richtungsangaben	
sempre dritto	*immer geradeaus*
a destra	*nach rechts*
a sinistra	*nach links*
attraverso	*durch, über*
attraversare	*überqueren*
sali-scende	*Auf und Ab*
salire/scendere	*aufsteigen/runtersteigen*
qui	*hier*
lì/là	*dort*
da	*aus, bei, von*
davanti	*vor*
di fronte	*gegenüber*
dietro	*hinter*
dopo	*nach*
fino a	*bis zu*
lontano	*weit*
vicino	*nahe*
sotto/sopra	*unter/über, darüber*
su	*auf*
verso	*nach, in Richtung*
il nord/il sud	*Norden/Süden*
l'ovest/l'est	*Westen/Osten*

Beim Wandern	
l'area attrezzata	*Picknickzone*
il bivio	*Abzweig*
il bosco	*Wald*
il campo	*Acker, Feld*
la casa	*Haus*
la cava	*Steinbruch, Schlucht*
la cima	*Gipfel*
la collina	*Hügel*
la costa	*Küste*
la falesia	*Kliff*
la grotta	*Grotte, Höhle*
l'incrocio	*Kreuzung*
il mare	*Meer*
la montagna	*Gebirge*
il monte	*Berg*
la mulattiera	*Maultierpfad*
il paese	*Land, Ort*
la pianura	*Ebene*
il pizzo	*Spitze*
il poggio	*Anhöhe, Hügel*
la portella	*Sattel*
la punta	*Landzunge, Gipfel, Spitze*
il rifugio	*Schutzhütte*
la roccia	*Gestein, Fels*
la rupe	*Fels*
il santuario	*Heiligtum*
il sentiero	*Pfad, Weg*
la spiaggia	*Strand*
la sponda	*Ufer*
la strada (bianca)	*Straße (Schotterstraße)*
il tempo	*Wetter, Zeit*
la torre	*Turm*
la valle	*Tal*

Zum Autor

Peter Amann, 1962 in Kronstadt geboren, lebt in München und ist nach dem Studium der Geografie, Botanik, Archäologie und Kunstgeschichte in München und Rom als Studienreiseleiter, Autor und Fotograf viel unterwegs – am liebsten in Süditalien und Sizilien. Den Cilento kennt und schätzt er seit vielen Jahren, für „Reise Know How“ hat er das Reisehandbuch „Golf von Neapel, Kampanien, Cilento“ verfasst. Mehr Informationen finden sich auf seiner Internetseite www.walksicily.de.

Viele haben bei der Entstehung dieses Reiseführers aktiv mitgewirkt. Für wertvolle Tipps, Wegbegleitung und Gastfreundschaft danken wir: Salvatore Calicchio, Giovannino Carrano, Giacomo Ciociano, Pino Giovinal, Maria Luisa Grifo, Andreas Heinbokel, Peter Hoogstaden, Romeo Januzzi, Birte Kokocinski, Bernhard Krieger, Alberino Mutalipassi, Mimmo Pandolfo, Roberto Paollilo, Franco Perazzo, Marco Radano, Karl Heinz Simon, Gino Troccoli und Carmine Tolomeo (Parco Nazionale del Cilento e Vallo di Diano). Die Entstehung des Buches ist nicht zuletzt dem Engagement von Raphael Mankau und Mattias Baldauf (Cilentano) zu verdanken.

Wir möchten Urlauber und Reisende bei der respektvollen Entdeckung des Cilento unterstützen und damit den Menschen vor Ort zeigen, dass der Nationalpark-Gedanke und ein verantwortungsvoller Tourismus durchaus ökonomisch harmonieren können. Wir freuen uns über Kritik, Kommentare, Verbesserungsvorschläge und natürlich Lob. Schreiben Sie dem Verlag, wenn Sie feststellen, dass eine der beschriebenen Wander- oder Radrouten nicht mehr stimmt, Adressen sich geändert haben oder wichtige Hinweise fehlen. Schreiben Sie uns bitte auch, wenn Sie einen neuen Weg, eine nette Trattoria oder einen tollen Strand entdeckt haben. Ihre Verbesserungsvorschläge veröffentlichen wir vor Erscheinen der nächsten Auflage auf der Internetseite **www.cilento-aktiv.info**.

Bitte helfen Sie uns, diesen Cilento-Reiseführer aktiv zu verbessern!

Alle Informationen in diesem Buch sind von Autor und Verlag mit größter Sorgfalt erstellt worden. Da inhaltliche und sachliche Fehler nie auszuschließen sind – wie wir im Sinne des Produkthaftungsrechtes betonen müssen – erfolgen diese Angaben ohne jegliche Verpflichtung oder Garantie des Verlages oder des Autors. Die Nennung von Firmen erfolgt nach rein subjektiver Einschätzung des Autors und ist keine Werbung oder Wertung gegenüber anderen Firmen.

R. Mankau Verlag
Postfach 13 22 • D-82413 Murnau
E-Post : kontakt@mankau-verlag.de
Netz: www.mankau-verlag.de